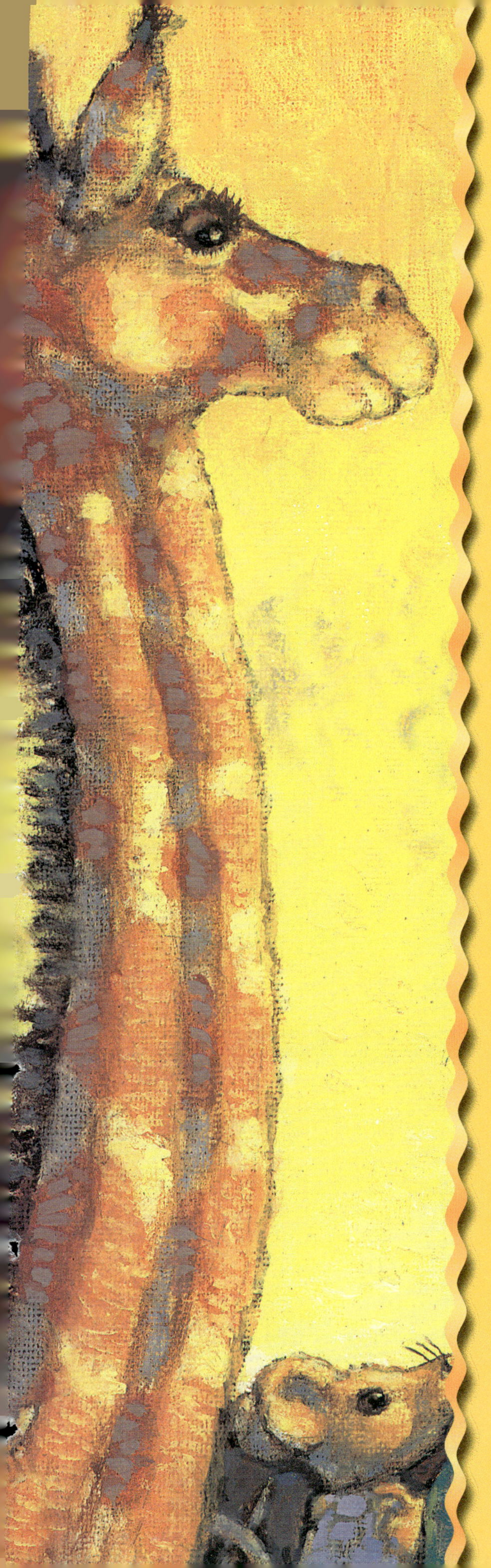

Lectura
Scott Foresman

¡Sigo yo, sigo yo!

Con el paso del tiempo

¡Todo mundo a bordo!

¡Deja volar tu imaginación!

Scott Foresman

Conozcamos al ilustrador de la portada
John Sandford vive en Michigan, donde hay muchos animalitos, como ardillas y conejos. Cuando pinta un animal siempre piensa en alguna persona que conoce. Dice que así sus animales llegan a tener personalidad propia.

ISBN 0-673-60552-3

Copyright © 2000 Addison-Wesley Educational Publishers Inc.

All rights reserved. Printed in the United States of America.

This publication is protected by Copyright and permission should be obtained from the publisher prior to any prohibited reproduction, storage in a retrieval system, or transmission in any form or by any means, electronic, mechanical, photocopying, recording, or otherwise. For information regarding permission, write to: Scott Foresman, 1900 East Lake Avenue, Glenview, Illinois 60025.

5 6 7 8 9 10-VH-06 05 04 03

¡Sigo yo, sigo yo!
Lectura
Scott Foresman

Autores del programa

George M. Blanco

Ileana Casanova

Jim Cummins

George A. González

Elena Izquierdo

Bertha Pérez

Flora Rodríguez-Brown

Graciela P. Rosenberg

Howard L. Smith

Carmen Tafolla

Scott Foresman

Oficinas editoriales: Glenview, Illinois • New York, New York
Oficinas de ventas: Reading, Massachusetts • Duluth, Georgia • Glenview, Illinois
Carrollton, Texas • Menlo Park, California

Contenido

Con el paso del tiempo

- **Momentos gloriosos del deporte** **12**
  texto informativo por Diane Hoyt-Goldsmith
  Conexión: Estudios sociales

- **El gran partido de pelota** **18**
  cuento folklórico narrado por Joseph Bruchac
  ilustrado por Susan L. Roth

- **¡Fiestas de cumpleaños!** **40**
  ficción realista por Anne Sibley O'Brien

- **La mejor hermana mayor** **46**
  ficción realista por Sook Nyul Choi
  ilustrada por Yoshi Miyake
  Conexión: Estudios sociales

Nada como los disfraces........... 66
ficción realista por Margarita Robleda Moguel
ilustrada por Asun Balzola

Un diente se mueve............... 72
cuento fantástico por Daniel Barbot
ilustrado por Gian Calvi

Unidad 4

Versos inventados................ 86
ficción realista por Nellie García de Justicia
ilustrada por Enrique Sánchez

El gallo que fue a la boda de su tío ... 92
cuento folklórico narrado por Alma Flor Ada
ilustrado por Kathleen Kuchera

Simplemente refranes............. 116
narración informativa por Ivelisse Sanabria-Alduén
Conexión: Estudios sociales

Pepita habla dos veces............ 122
ficción realista por Ofelia Dumas Lachtman
ilustrada por Alex Pardo DeLange

Bilingüe 151
poema por Francisco X. Alarcón

Pregunta...................... 151
poema por Margarita Robleda Moguel

Un dilema..................... 152
poema por Shel Silverstein

Contenido

¡Todo mundo a bordo!

Bienvenidos a la isla **156**
narración informativa por María Elena Alvarado
Conexión: Estudios sociales

La isla **162**
cuento fantástico por Arthur Dorros
ilustrado por Elisa Kleven

Una foto de mi mejor amigo **192**
ficción realista por Vivian Cuesta
ilustrada por Joe Cepeda

Tomás y la señora de la biblioteca .. **198**
ficción realista por Pat Mora
ilustrada por Raúl Colón

Una familia navegante **230**
cuento fantástico con animales por David McPhail

Todos a bordo con el capitán Cruz . . **236**
biografía por Alice K. Flanagan
fotos por Christine Osinski
Conexión: Estudios sociales

Buen viaje **249**
poema por Amado Nervo

Barcarola **250**
poema por Nicolás Guillén

Sobre el mar **250**
poema por Dora Alonso

¡Ay! Eloy se cayó al mar **252**
ficción realista por Susan McCloskey
ilustrada por Allan Eitzen

En el fondo del mar: La medusa **258**
texto informativo por Patricia Kite
Conexión: Ciencias

El increíble rugido de Din **280**
cuento fantástico con animales
por Mary Blount Christian
ilustrado por Bernard Adnet

Tras las huellas de los dinosaurios . . . **286**
narración informativa por Miriam Schlein
ilustrada por Phil Wilson
Conexión: Ciencias

Unidad 5

Contenido

¡Deja volar tu imaginación!

Una casita agradable............ **306**
ficción realista por Anne Phillips
ilustrada por Rosario Valderrama

Las ovejas de Nico **312**
cuento fantástico con animales por Elisa Ramón
ilustrado por Agustí Asensio

¡Ve tus colecciones aumentar! **328**
ensayo fotográfico por Joanne Ryder
Conexión: Matemáticas

Los charcos de Ernesto **334**
cuento fantástico con animales por Elisa Kleven

Unidad 6

La sopa de piedritas **358**
cuento folklórico narrado por Lily Toy Hong

Yaci y su muñeca **366**
cuento folklórico narrado por Concepción Zendrera
ilustrado por Gloria Carasusan Ballve

Una excelente idea **384**
narración informativa por Diane Hoyt-Goldsmith
Conexión: Estudios sociales

Los talentos de Annie **390**
ficción realista por Angela Shelf Medearis
ilustrada por Anna Rich

Un secreto sabrosísimo **412**
**cuento fantástico con animales
por Cecilia Orosco Ávalos**
ilustrada por Leovigildo Martínez

No se lo puede imaginar **418**
cuento fantástico con animales por Elizabeth Duckett
ilustrado por Chiara Carrer

Glosario **444**
Lista de palabras **459**

De un cuento nacen cien.

Unidad 4

Con el paso del tiempo

¿Qué es lo que hacemos juntos y de la misma manera especial de siempre?

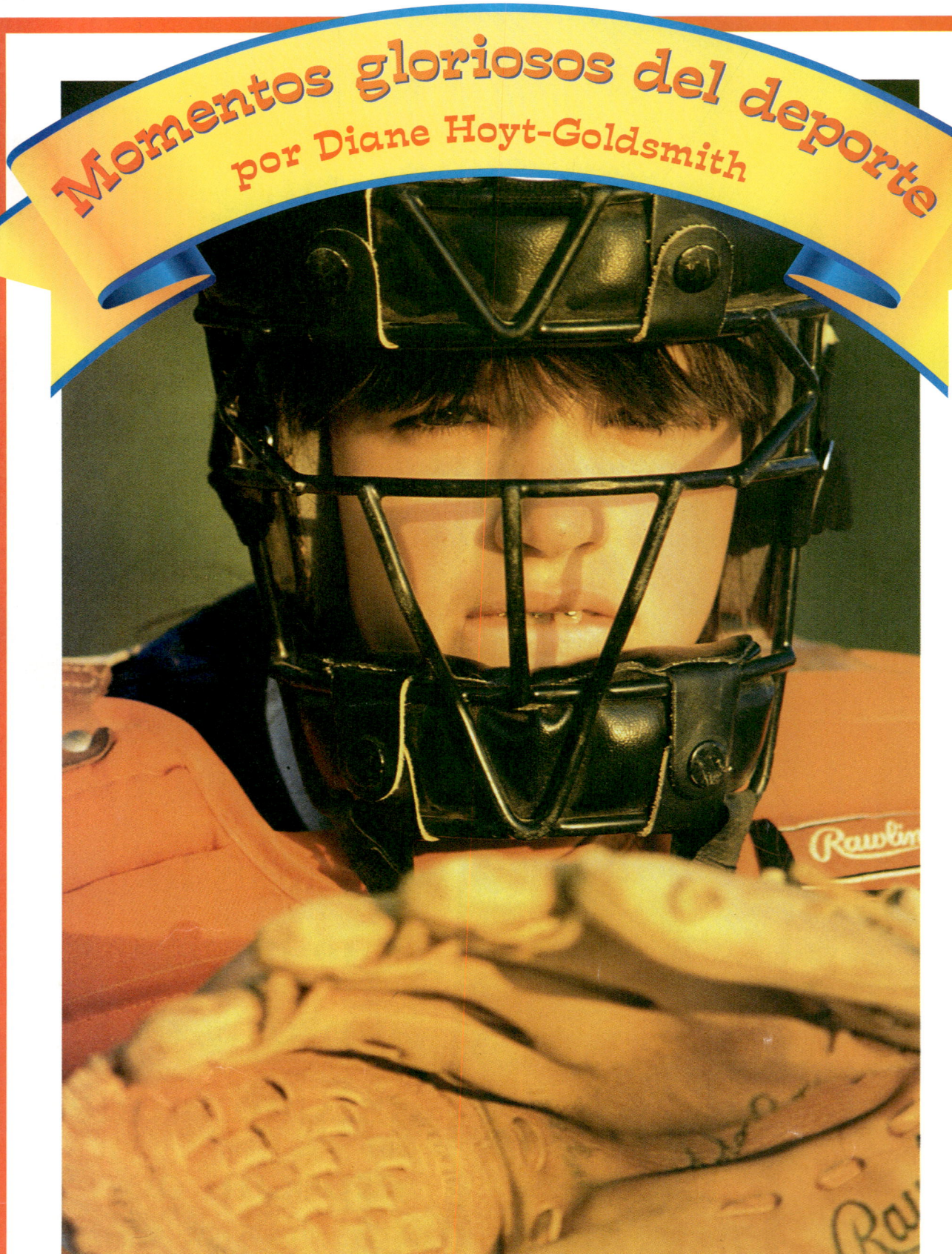

Momentos gloriosos del deporte
por Diane Hoyt-Goldsmith

El bateador se prepara para el lanzamiento en un juego de béisbol.

¿A qué juegas con una pelota y un bate? ¡Claro, juegas al béisbol! La idea es que el bate le pegue a una pelota pequeña y blanca y la envíe lo más lejos posible. Los aficionados exclaman y aplauden cuando la pelota sale del parque. ¡Se anota otra carrera! Los jugadores usan cascos para protegerse la cabeza. Las reglas del béisbol como se juega hoy en día se establecieron a principios de siglo. Es claro que el béisbol es uno de los deportes favoritos en Estados Unidos.

Los jugadores siguen el disco en un juego de hóckey.

¿A qué juegas con un palo y un disco de goma? ¡Claro, juegas al hóckey sobre hielo! Los jugadores quieren meter el disco en la portería del equipo contrario. Un jugador no puede jugar si está enfermo. Debe tener buenos reflejos y músculos flexibles. Los jugadores se pasan el disco y se acercan a la portería del equipo contrario. Si anotan, se oye el clamor del público, que agita globos y banderines con el nombre de su equipo.

En la década de 1850, el *lacrosse* era un juego muy popular entre los sioux.

¿A qué juegas con una pelota y una raqueta de mango largo? ¡Claro, juegas al *lacrosse*! Los indígenas norteamericanos fueron los que inventaron el lacrosse hace muchos años. El juego los ayudaba a prepararse para la caza y a resolver sus diferencias. La primera liga de *lacrosse* se organizó en Canadá el siglo pasado. La liga estableció reglas estandarizadas para el juego. El deporte se empezó a popularizar en Estados Unidos unas décadas más tarde.

Los miembros de la Nación Onondaga, en Nueva York, juegan al *lacrosse* hoy en día.

En el *lacrosse* no se toca la pelota con las manos. La pelota se atrapa y se lanza con la raqueta. Cuando la pelota entra en la portería, se anota un punto. Los aficionados aclaman a los jugadores. ¡Es un momento glorioso del deporte!

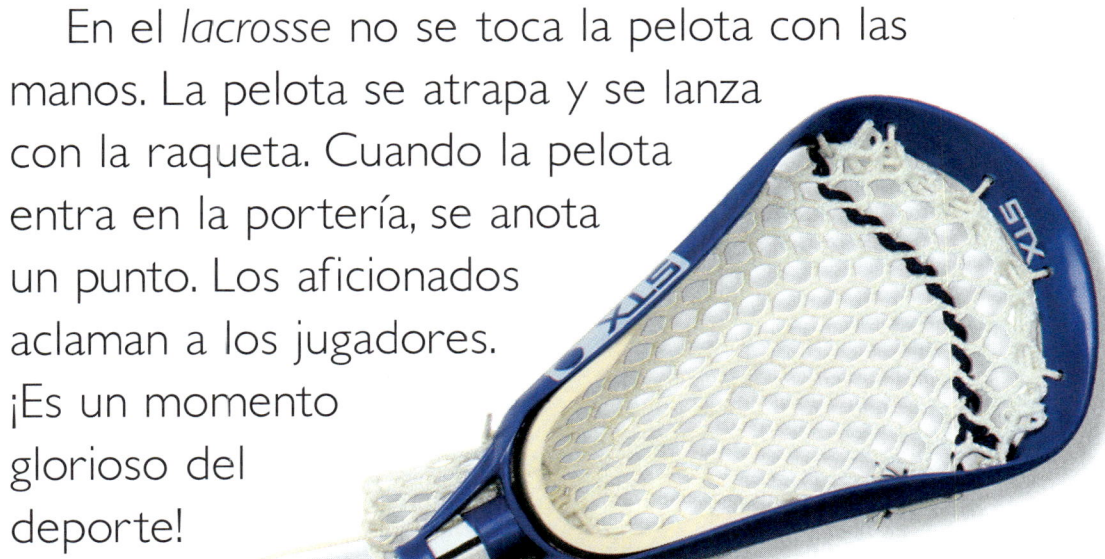

El gran partido de pelota

Un cuento muskogee

narrado por
Joseph Bruchac

ilustrado por
Susan L. Roth

Hace mucho tiempo los Animales y las Aves tuvieron una gran discusión.

—Los que tenemos alas somos mejores que ustedes —dijeron las Aves.

—Eso no es cierto —respondieron los Animales—. Los que tenemos dientes somos mejores.

Ambos grupos discutieron y discutieron. La discusión siguió sin pausa, hasta que la guerra parecía la única solución.

Entonces la Grulla, la capitana de las Aves, y el Oso, el capitán de los Animales, tuvieron una idea.

—Juguemos un partido de pelota —dijo la Grulla—. El equipo que anote un gol primero gana.

—Es una buena idea —dijo el Oso—. Los que pierdan tendrán que aceptar el castigo que los otros decidan.

Y andando y volando se fueron a un campo. Allí se dividieron en dos equipos.

Todos los que tenían alas se fueron a un lado. Eran las Aves.

Todos los que tenían dientes se fueron al otro lado. Eran los Animales.

Pero cuando los equipos ya estaban formados, un animalito quedó fuera: el Murciélago. ¡Tenía alas *y* dientes! Volaba de un lado para otro.

Primero se acercó a los Animales.

—Tengo dientes —dijo—. Debo estar en su equipo.

Pero el Oso negó con la cabeza.

—No sería justo —dijo—. Tienes alas. Debes ser un Ave.

Así que el Murciélago se fue volando al otro lado.

—Déjenme entrar en su equipo —les dijo a las Aves—. Ya ven que tengo alas.

Pero las Aves se rieron.

—Eres demasiado pequeño para ayudarnos. No te queremos —dijeron burlándose.

Entonces el Murciélago regresó donde los Animales.
—Por favor, déjenme estar en su equipo —les suplicó—. Las Aves se burlaron de mí y no me aceptaron.

El Oso sintió lástima por el pequeño Murciélago.
—No eres muy grande —dijo el Oso—, pero a veces hasta los más pequeños pueden ayudar. Te aceptaremos como Animal, pero deberás esperar un poco y dejar que los Animales más grandes jueguen primero.

Colocaron dos postes a cada lado del campo como porterías. Luego, comenzó el partido.

Ambos equipos jugaron con ganas. En el equipo de los Animales, el Zorro y el Venado eran corredores veloces, y el Oso les abría el paso mientras jugaban. Sin embargo, la Grulla y el Halcón eran aún más veloces, y cada vez que los Animales se acercaban a la portería les robaban la pelota antes de que pudieran anotar un gol.

Pronto quedó claro que las Aves tenían ventaja. Cada vez que tenían la pelota, alzaban el vuelo y los Animales no podían alcanzarlas. Los Animales defendieron bien su portería, pero empezaron a cansarse a medida que oscurecía.

Justo cuando el sol se ocultó en el horizonte, la Grulla agarró la pelota y voló hacia los postes. El Oso trató de detenerla. Pero había tan poca luz que tropezó y se cayó. Parecía que las Aves iban a ganar.

De repente, una figura oscura y pequeña apareció volando por el campo y le robó la pelota a la Grulla, justo cuando ésta iba a llegar a los postes. Era el Murciélago, que salió disparado como una flecha hacia el otro extremo del campo, pues no necesitaba luz para ver por dónde iba. Ninguna de las Aves pudo atraparlo ni bloquearlo.

Sin soltar la pelota, ¡el Murciélago cruzó los postes del otro extremo volando! ¡Los Animales habían ganado!

Así fue como los Animales aceptaron al Murciélago y le dejaron decidir el castigo para las Aves.

—Aves —dijo el Murciélago—, ustedes deberán irse de estas tierras durante la mitad de cada año.

Y desde entonces, las Aves vuelan hacia el sur todos los inviernos.

Y cada día, al anochecer, el Murciélago regresa volando...

a ver si los Animales
lo necesitan para jugar
a la pelota.

Conozcamos al autor
Joseph Bruchac

De niño, Joseph Bruchac se divertía con los cuentos que le contaban sobre los indígenas norteamericanos. Primero se los contó a sus hijos. Luego comenzó a contarlos en libros y a presentarlos en público. El nombre indígena abenaki del Sr. Bruchac es Sozap.

Conozcamos a la ilustradora
Susan L. Roth

Susan L. Roth hace sus ilustraciones con papel rasgado y cortado. En "El gran partido de pelota", usó papel de todo el mundo para sus ilustraciones. La Srta. Roth también escribe algunos de los libros que ilustra.

Reacción del lector

Hablemos

¿Qué les dirías tú a las Aves y a los Animales?

Piénsalo

1. El Oso le dice al Murciélago: "No eres muy grande, pero a veces hasta los más pequeños pueden ayudar". ¿Estás de acuerdo con esto? ¿Por qué?

2. ¿Crees que las Aves y los Animales aprendieron una lección?

3. ¿Crees que el gran partido de pelota fue una buena manera de resolver la discusión?

Inventa otro final

Imagina que el Murciélago hubiera jugado con las Aves en vez de jugar con los Animales. Con un amigo o amiga, representa lo que ocurriría.

¡Fiestas de cumpleaños!

por Anne Sibley O'Brien

Cuando celebras tu cumpleaños, ¿tienes una fiesta y un pastel con velas? ¿Te cantan "Feliz cumpleaños" en la casa o en la escuela?

Los niños y niñas del mundo celebran sus cumpleaños de diferentes maneras con sus familias.

En Alemania, la niña o el niño que cumple años tiene una vela especial de cumpleaños. El papá o la mamá enciende la vela. La vela se derrite y la apagan cuando marca la edad de la niña o del niño. ¿Ves a la niña que celebra junto con sus papás y su hermano?

En México, los cumpleañeros tienen una fiesta con piñata. Los papás llevan a sus hijos al mercado para que escojan una. Hay varios tipos de piñatas, como: pájaros de colores, hermosos caballos y perros chistosos. ¡Se hace difícil escoger la figura y el color!

Luego, los amigos de la niña o del niño que cumple años vienen a la fiesta. Durante la fiesta, cada amiguito trata de quebrar la piñata en el patio. Cuando se quiebra, caen caramelos de azúcar y alguna otra sorpresa a los pies de los niños.

En cambio, en Israel la niña o el niño tiene una bella corona de flores el día del cumpleaños. La mamá le pone la corona en la cabeza. La corona hace que la niña o el niño se vea muy especial.

Luego la niña o el niño se sienta en una silla en medio de todos. Con cuidado, el papá levanta la silla tantas veces como los años cumplidos. Los amigos hacen bulla y bailan mientras la silla sube y baja.

¡Ahora ya lo sabes! Los niños del mundo celebran sus cumpleaños en una variedad de maneras.

La mejor hermana mayor

por Sook Nyul Choi
ilustrado por Yoshi Miyake

1. No hay tiempo para Sunhi

Sunhi regresaba a casa arrastrando los pies. Antes, su abuela, Halmoni la esperaba siempre cerca del patio de la escuela con una merienda deliciosa. Juntas regresaban a casa. En el camino, Sunhi le contaba a Halmoni todo lo que había hecho ese día en la escuela.

Pero todo cambió para Sunhi cuando nació su hermanito, Kiju.

Halmoni ya no tenía tiempo para jugar con Sunhi. Ahora, Halmoni estaba ocupada cuidando a Kiju todo el día mientras el papá y la mamá de Sunhi trabajaban.

Halmoni le daba la comida, lo bañaba y le cambiaba los pañales. ¡Ese bebé daba tanto trabajo y requería tanta atención!

Cuando Sunhi regresaba a casa, allí estaba Halmoni en el sofá, meciendo a Kiju en sus rodillas.

Halmoni entretenía a Kiju con el osito de peluche color café de Sunhi. Él sonreía y babeaba muy alegre.

La Sra. Chin y la Sra. Stone, sus vecinas, estaban de visita. Hacían sonidos tontos mientras admiraban al bebé.

Apenas le hacían caso a Sunhi.

—Ah, hola, Sunhi —dijo la Sra. Chin, levantando por fin la cabeza—. Vinimos a ver a Kiju. ¡Qué adorable es tu hermanito! Casi no puedo creer que cumplirá un año la semana que viene.

—Halmoni nos contó que es una costumbre coreana dar una gran fiesta para celebrar el primer cumpleaños de un bebé —dijo la Sra. Stone—. Debes estar muy emocionada.

Sunhi simuló una sonrisa cortés.

—Es tan maravilloso tener un niño en la familia —dijo la Sra. Chin.

Sunhi estaba harta de que todo el mundo le prestara tanta atención al bebé. A ella no le parecía tan interesante. Deseaba que una de esas señoras adoptara al niño y se lo llevara.

—¿Me devuelves mi osito? Es todavía mío, ¿no?

Sunhi lo agarró y se fue corriendo a su cuarto.

Todo era diferente con Kiju en la casa. Ni el cuarto de Sunhi era ya suyo. Estaba lleno de pañales y juguetes de bebé. Olía a talco.

—¡Qué contenta debes estar de tener un hermanito! —le decían todos a Sunhi.

—¿No es maravilloso ser ahora la hermana mayor? —preguntaron.

Pero a Sunhi no le parecía tan maravilloso. Por las tardes, sus papás tenían menos tiempo aún para hablar y jugar con ella.

Lo que más extrañaba Sunhi era la compañía de Halmoni. Cuando Halmoni no estaba con Kiju, estaba ocupada haciendo cosas para él. Ayer mismo, Sunhi sorprendió a Halmoni cosiendo en su cuarto. Sunhi vio la hermosa seda azul.

Sabía que Halmoni hacía un traje de cumpleaños para Kiju.

"¿Y por qué es tan especial este bebé? ¿Por qué es tan importante tener un niño? No era yo suficiente?", se preguntaba Sunhi entre sollozos.

2. Una sorpresa para Sunhi

Alguien llamó a la puerta. Halmoni entró y se sentó en silencio al lado de Sunhi.

Halmoni le secó las lágrimas a Sunhi y le acarició el cabello.

—Tengo una sorpresa para ti —dijo Halmoni—. La iba a guardar hasta la próxima semana. Pero creo que voy a dártela ahora.

—¿Qué es, Halmoni? —preguntó Sunhi. Se tragó las lágrimas y apartó de su cabeza la mano de Halmoni.

—Está en el cuarto de tus papás. Tres regalos grandes —dijo Halmoni.

—¿Qué? ¿No son todos para Kiju? —le preguntó Sunhi.

Halmoni trajo las tres cajas grandes al cuarto de Sunhi.

—Vamos, Sunhi. Siéntate bien. Abre ésta primero —dijo.

En la caja había un vestido coreano de seda azul. Las mangas eran de los colores del arco iris y la parte delantera tenía mariposas bordadas. A Sunhi le encantó.

—Es para que te lo pongas el día del cumpleaños de Kiju —dijo Halmoni—. Temía que lo hubieras visto la otra noche cuando viniste a darme las buenas noches. Estos otros dos son para tus mejores amigas, Jenny y Robin. Ábrelos para ver si crees que les gustarán.

El de Jenny era de color durazno con capullos de rosa bordados en la parte delantera. El de Robin era amarillo con pajaritos azules bordados en las mangas.

Sunhi sabía que a sus amigas les encantarían.

—Halmoni, son tan bonitos. ¡Te habrá tomado mucho tiempo terminarlos! —dijo Sunhi.

—Bueno, suerte que Kiju se porta bien y duerme muchísimo. Siento no haberte acompañado a la escuela ni haberte ido a recoger. Lo he echado de menos. Tú eres muy especial. Es que los bebés son tan pequeñitos y necesitan mucha atención. Igual que cuando tú eras una bebé —dijo Halmoni.

—¿Hicieron tanto alboroto por mí? —preguntó Sunhi.

—¡Oh, mucho más que ahora! —dijo Halmoni—. ¡Hicimos un tremendo alboroto! ¿No recuerdas las fotos de tu primer cumpleaños? Yo estaba en Corea, pero tus papás me mandaban un montón de fotos tuyas cada semana. Para tu cumpleaños, te hice un traje y se lo mandé por correo a tu mamá.

—Recuerdo esas fotos —dijo Sunhi.

—Ahora que eres la hermana mayor —dijo Halmoni—, he pensado que podrías ser la anfitriona de la fiesta de cumpleaños de Kiju.

Jenny, Robin y tú pueden decorar la mesa y hacer de anfitrionas juntas. ¿Por qué no las invitas a casa? Así podemos darles los regalos.

Sunhi asintió con la cabeza.

—De acuerdo, mañana les voy a pedir que vengan a casa conmigo —dijo—. ¿Dónde está Kiju?

Halmoni sonrió.

—Creo que está durmiendo. Vamos a ver.

3. Una mala hermana mayor

Halmoni y Sunhi fueron al cuarto de los papás de Sunhi. Miraron a Kiju en la cuna.

Kiju estaba despierto y jugaba alegremente con sus pies. Era un bebé hermoso y tranquilo.

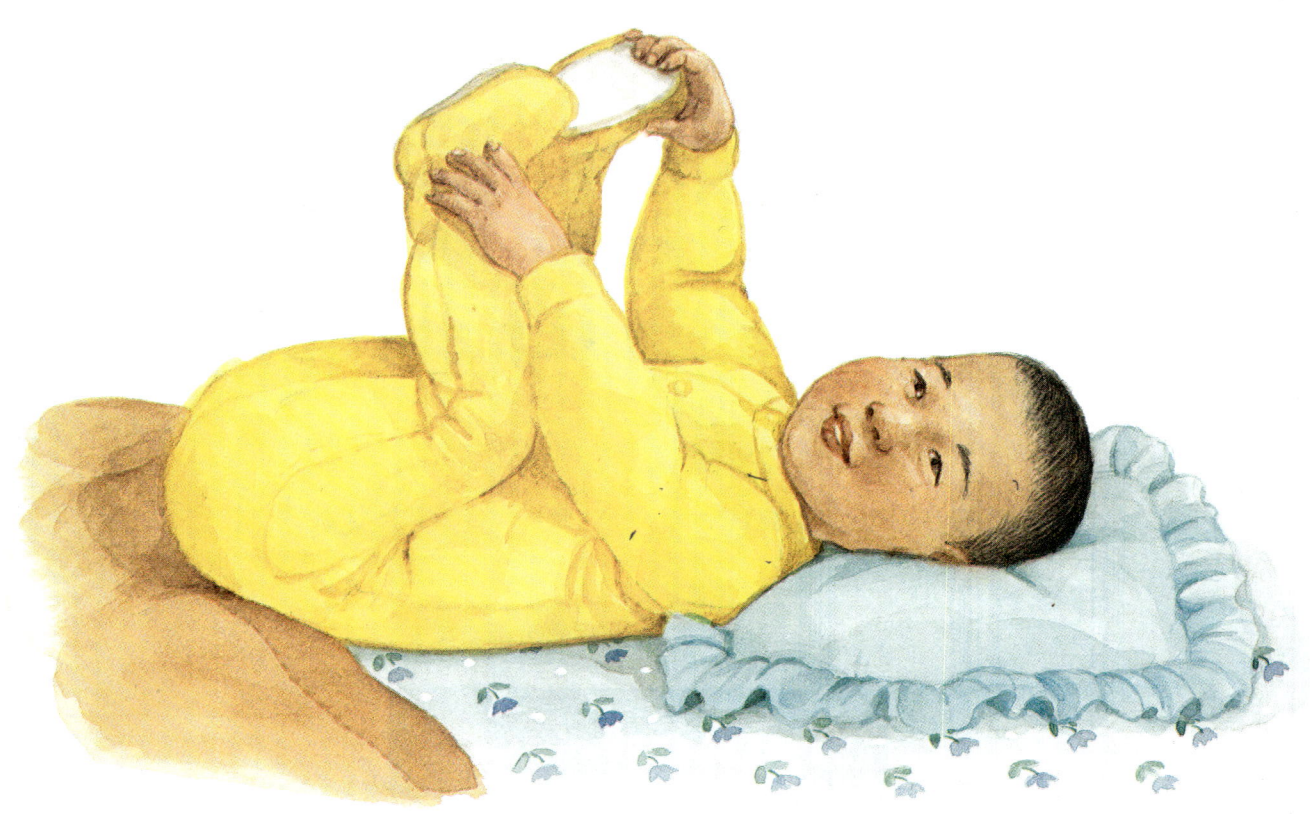

—Kiju tiene suerte de tener una hermana mayor como tú —dijo Halmoni—. Pronto hablará y caminará. Te seguirá a todas partes. Tendrás que enseñarle a ser listo y amable como tú.

Sunhi se puso roja.

—Halmoni, yo fui tonta y mala. A veces quería volver a ser hija única. He sido una mala hermana mayor —dijo Sunhi.

—Sunhi, no hay nada malo en eso —dijo Halmoni—. Es difícil acostumbrarse a tener un bebé en la casa.

—A veces deseamos que todo fuera siempre igual —dijo Halmoni—. Pero eso no quiere decir que seamos malos. Yo sé que quieres mucho a Kiju. Sé que vas a ser la mejor hermana mayor.

Sunhi miraba a Kiju. Se hizo la promesa de que le daría la mejor primera fiesta de cumpleaños.

—¿Cómo es el traje de cumpleaños de Kiju? —preguntó Sunhi.

—Es un traje de seda parecido al que te hicimos a ti —dijo la mamá de Sunhi, que entraba en el cuarto.

—¿No se pondrá un traje muy especial? ¿No es él más especial e importante por ser niño? —preguntó Sunhi.

—¡Pues claro que no! Los dos son igual de especiales —dijo la mamá de Sunhi.

Y luego abrazó a Sunhi.

Halmoni tomó la mano de Sunhi y dijo:
—¿Es tu ojo derecho más especial e importante que tu ojo izquierdo?

Halmoni decía muchos de estos dichos curiosos, pero esta vez Sunhi le entendió.

Conozcamos a la autora
Sook Nyul Choi

"Siempre me han gustado libros", dice Sook Nyul Choi. La Srta. Choi comenzó a escribir cuando era niña. Descubrió que escribir era una manera de compartir sus "pensamientos, ideas y sentimientos".

Reacción del lector

Hablemos

¿Te has sentido alguna vez rechazada como Sunhi? ¿Qué hiciste?

Piénsalo

1. ¿Crees que Sunhi quiere a Kiju?
2. Halmoni dice: "¿Es tu ojo derecho más especial e importante que tu ojo izquierdo?" ¿Qué crees que quiere decir?
3. ¿Qué crees que hará Sunhi para ser una mejor hermana?

Cuenta cómo fue tu día

Imagina que eres Sunhi. Cuenta a un amigo o amiga cómo fue tu día y las lecciones que hayas aprendido.

Nada como los disfraces

por Margarita Robleda Moguel
ilustrado por Asun Balzola

A veces papá sale a pescar con un amigo. Hoy al mediodía van a salir a pescar. Me gustaría ser como papá.

Cerré los ojos y de pronto me imaginé con camisa de cuadritos, botas de vaquero y una caña de pescar. Además me vi cargando muchos peces.

Me vestí con ropa igualita a la de papá. Conseguí la caña de pescar. Pero aún me faltaban varias cosas por buscar.

Mi papá es un hombre fuerte. Tiene bigote y un sombrero. "¿Qué hago?", pensé.

Entonces busqué entre mis lápices de colores y saqué el lápiz de color negro. Me dibujé un bigote parecido al de papá. Poco a poco me voy pareciendo más a él.

Al verme en el espejo pensé: "¿Y si inflo dos globos y los pongo uno en cada hombro? Así me vería fuerte. Sí, eso debe resultar".

Entonces busqué unos globos y los inflé. Luego me puse uno en cada hombro.

"Ahora sí nos parecemos. Sólo me falta el sombrero", me dije.

Al fin quedé igualito a papá. Al mediodía oí las voces de dos hombres. Eran papá y su amigo.

—Papá, ¿te gusta mi disfraz? —le pregunté.

—Te ves muy guapo —me contestó—. Cuando crezcas, serás igualito a mí. Ven, vamos a pescar.

Y muy felices nos fuimos los tres.

Un diente se mueve

por Daniel Barbot
ilustrado por Gian Calvi

Una mañana Clarisse sintió que un diente se le movía.

Clarisse sabía desde hacía tiempo que a su edad se mudan los dientes. Y también había oído algo increíble: que un ratón venía a buscarlos.

Estaba impaciente porque el diente no se caía pronto. Y también un poco preocupada:

"Si los gatos se comen a todos los ratones, ¿quién vendrá a buscar mi diente?"

El diente se movía más y más y Clarisse jugaba a empujarlo con la lengua.

Un día, la mamá se lo arrancó amarrándolo con un hilo azul. Todo fue muy rápido.

Clarisse no sintió ningún dolor. Sólo un poco de sangre se asomó en la encía.

Esa noche, al acostarse, Clarisse puso el diente bajo su almohada y se durmió. Su sueño se llenó de imágenes.

—Buenos días, señor ratón. ¿Qué hace usted con los dientes de los niños?
—A nosotros, los ratones, nos gusta mucho adornarnos. ¿Tú no lo sabías?

El ratón hablaba orgulloso con Clarisse, porque muy pocas veces los ratones hablan con las niñas.

—Con los dientes de los niños nos mandamos a hacer collares, brazaletes, zarcillos y sortijas. Los hace un viejo ratón que sabe mucho.

—Pero yo nunca he visto ratones con joyas.

—Es natural —respondió el ratón—. Tú nunca has ido a una fiesta de ratones...

...A nosotros nos gustan mucho la música y las fiestas. Las celebramos en un país lejano donde no hay gatos ni hombres que nos molesten. Y sólo para las fiestas nos ponemos todas nuestras joyas. ¿Sabes? Los ratones somos muy coquetos.

—Pero, entonces, ¿por qué vienen siempre aquí, donde los hombres y los gatos pueden hacerles daño? —preguntó Clarisse.

—Allá no tendríamos qué comer y, bueno, tampoco encontraríamos dientes para hacer nuestras joyas. Es por eso que tenemos que venir donde hay gatos y hombres...

...¿Te das cuenta, niña? Nada es simple, —suspiró el ratón.

Clarisse lo abrazó y el ratón sonrió:

—Tu diente es muy bello. Te lo compraré por una moneda y me haré un lindo collar para recordarte siempre.

Al día siguiente, cuando Clarisse despertó, buscó bajo su almohada, pero el diente no estaba.

En su lugar, había una moneda. Clarisse se sorprendió: "Entonces no fue un sueño. ¡Qué aventura!"

Conozcamos al autor

Daniel Barbot

Daniel Barbot nació en Francia. Por varios años vivió en Caracas, Venezuela, donde conoció a su esposa. Ahora vive con ella y sus dos hijos en Francia. Su hija, Clarisse, es la niña que aparece en *Un diente se mueve*. El señor Barbot es también el autor de *Rosaura en bicicleta*.

Conozcamos al ilustrador

Gian Calvi

Gian Calvi ha ilustrado muchos libros para niños y también le gusta escribirlos. Él y su esposa, quien fue maestra en Colombia, viven en Petrópolis, Brasil.

Reacción del lector

Hablemos

¿Qué es lo que más te sorprendió del cuento? ¿Por qué?

Piénsalo

1. ¿Cómo se siente Clarisse al principo del cuento? ¿Por qué?

2. ¿En qué se parecen los ratones del cuento a los ratones de verdad?

3. El señor ratón dice que los ratones son muy coquetos. ¿Por qué sí o por qué no?

La fiesta de los ratones

Haz un cartel para anunciar una fiesta de ratones. Indica el lugar y la hora de la fiesta.

Versos inventados

por Nellie García de Justicia
ilustrado por Enrique Sánchez

En casa de los Rivera
la fiesta va a empezar.
Todo el mundo ha llegado,
todos van a celebrar.

En casa de los Rivera
un bebé ha llegado.
Ahora van a celebrar
con versos inventados.

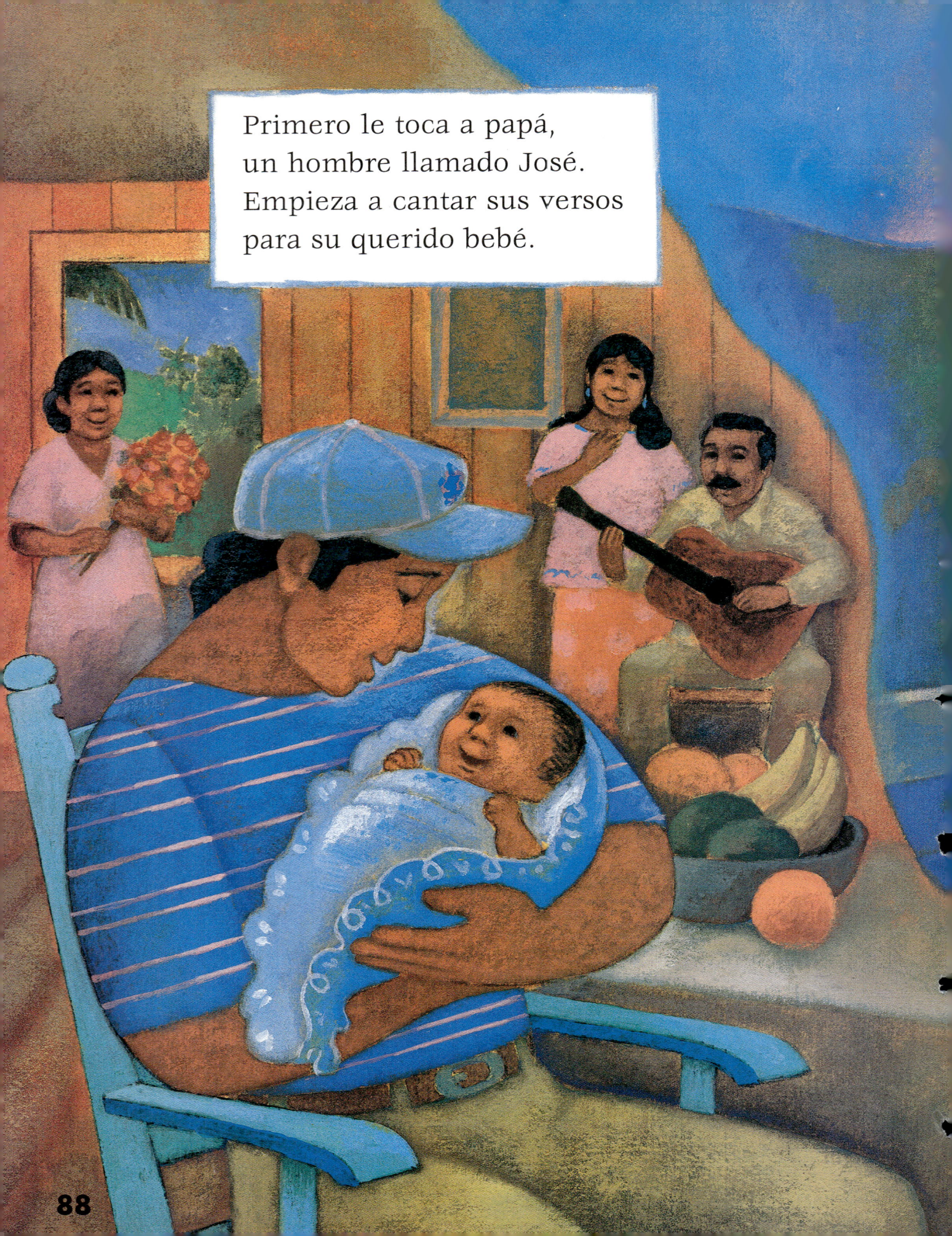

Primero le toca a papá,
un hombre llamado José.
Empieza a cantar sus versos
para su querido bebé.

—Hijo mío —canta José—,
te cuento de mi querida tierra:
Está la mañana con gallo,
y la noche con coquí y estrellas.

Entonces mamá celebra
la llegada de su bello niño.
Con unos versos inventados,
le canta canciones con cariño.

—No te olvides, hijo mío,
de esta tierra tan querida.
Donde las palmeras bailan
y se disfruta de la vida.

—Cuando crezcas, mi querido, recuerda estas canciones. Nunca te olvides de los versos que llevamos en los corazones.

El gallo
que fue a la boda de su tío

Cuento popular hispanoamericano
por Alma Flor Ada
ilustrado por Kathleen Kuchera

Una mañana, muy tempranito, cuando el sol todavía no había aparecido, el gallo de este cuento estaba muy atareado frotándose el pico, para dejárselo muy brillante, y peinándose las plumas. Era el día de la boda de su tío y el gallito quería estar seguro de llegar a tiempo.

Cuando se vio perfectamente arreglado
se marchó por el camino con un paso ligero
y saltarín. Con cada paso sacudía la cabeza,
pensando en todas las cosas maravillosas que
le esperaban en el banquete de la boda.

No había pasado mucho tiempo cuando empezó a sentir muchísima hambre. "Debí haberme desayunado", se dijo. En ese momento algo le llamó la atención. Allí, junto al camino, había un dorado granito de maíz.

"Perfecto", pensó el gallito. Pero cuando se acercó se dio cuenta de que el granito estaba en un charco de barro. Si se lo comía, se iba a ensuciar el pico.

El gallito tenía muchísima hambre. Pero no podía ir a la boda con el pico sucio. "¿Qué hacer? ¿Picar o no picar?", se preguntaba.

El gallito miraba y miraba el grano de maíz.

Y entonces, de un picotazo se lo tragó...
y terminó con el pico todo lleno de barro.

Así que el gallo miró a su alrededor a ver si había alguien que pudiera ayudarlo. Y lo primero que vio fue a la hierba que crecía junto al camino.

El gallo le dijo a la hierba:

—Querida hierba, zacatito aterciopelado,
¿me limpiarías el pico
para poder ir a la boda
de mi tío, Pirulico, el rico?

Pero la hierba le contestó:

—No, no quiero.

El gallo miró a su alrededor
a ver si había alguien más que
pudiera ayudarlo. Y entonces vio
a una oveja que pastaba en el campo.
Quizá podría *asustar* a la hierba para
que lo ayudara. Y le pidió a la oveja:

—Querida oveja, borreguita lanuda,
por favor, cómete a la hierba
que no quiere limpiarme el pico
para poder ir a la boda
de mi tío, Pirulico, el rico.

Pero la oveja le contestó:

—No, no quiero.

El gallo se paseaba de arriba a abajo, consternado. Pero entonces vio a un perro que venía por el camino. Así que le pidió al perro:

—Querido perro, perrito fiero,
por favor, muerde a la oveja
que no quiere comerse a la hierba
que no quiere limpiarme el pico
para poder ir a la boda
de mi tío, Pirulico, el rico.

Pero el perro le contestó:

—No, no quiero.

Bueno, éste no era un gallo
que se diera por vencido. Así que
se acercó a un palo que había junto
al camino. Y le pidió:

—Querido palo, palo duro,
por favor, pégale al perro
que no quiere morder a la oveja
que no quiere comerse a la hierba
que no quiere limpiarme el pico
para poder ir a la boda
de mi tío, Pirulico, el rico.

Pero el palo le contestó:

—No, no quiero.

El gallo estaba empezando a preocuparse. Pero miró a ver si había alguien más que lo pudiera ayudar, y descubrió una hoguera que habían encendido los pastores. Se acercó al fuego y le pidió:

—Querido fuego, fuego brillante,
por favor, quema al palo
que no quiere pegarle al perro
que no quiere morder a la oveja
que no quiere comerse a la hierba
que no quiere limpiarme el pico
para poder ir a la boda
de mi tío, Pirulico, el rico.

Pero el fuego le contestó:

—No, no quiero.

El gallo ahuecó las plumas y siguió paseándose de arriba a abajo. ¿No habría nadie que lo ayudara a tiempo? Entonces vio al arroyo que cruzaba el campo. Se inclinó y le susurró, tratando de usar su voz más convincente:

—Querida agua, agüita clara,
por favor, apaga al fuego
que no quiere quemar al palo
que no quiere pegarle al perro
que no quiere morder a la oveja
que no quiere comerse a la hierba
que no quiere limpiarme el pico
para poder ir a la boda
de mi tío, Pirulico, el rico.

Pero el agua le contestó:
—No, no quiero.

Ahora ya el pobre gallito no podía pensar en nadie más a quién pedirle ayuda. Alzó el pico lleno de lodo y cantó. Pero entonces se dio cuenta de que el sol empezaba a aparecer entre las nubes. Y le dijo:

—Sol, querido sol, mi buen amigo,
por favor, seca al agua
que no quiere apagar al fuego
que no quiere quemar al palo
que no quiere pegarle al perro
que no quiere morder a la oveja
que no quiere comerse a la hierba
que no quiere limpiarme el pico
para poder ir a la boda
de mi tío, Pirulico, el rico.

Y el sol le contestó:

—Claro que sí. Cada mañana me despiertas con tu canto alegre, amigo mío. Con todo gusto secaré al agua.

Pero entonces el agua gritó:
—No, por favor, no me seques. Que yo apagaré al fuego.

Y el fuego gritó:

—No, por favor, no me apagues. Que yo quemaré al palo.

Y el palo, a su vez, gritó:

—No, por favor, no me quemes. Que yo le pegaré al perro.

Pero el perro gritó:
—No, por favor, no me pegues. Que yo morderé a la oveja.

Y entonces la oveja gritó:
—No, por favor, no me muerdas. Que yo me comeré a la hierba.

Pero la hierba gritó muy fuerte:
—No, por favor, no me comas. Que yo le limpiaré el pico al gallo.

Y en menos que te lo cuento, el pico del gallo brillaba tanto como el día soleado.

Así que el gallo les dijo adiós a todos con un alegre "¡Quiquiriquí!" y siguió su camino para ir a la boda de su tío, Pirulico, el rico. Iba con un paso alegre y saltarín para llegar a tiempo al banquete.

Conozcamos a la autora
Alma Flor Ada

Alma Flor Ada creció en una familia de cuentistas. Su abuela, su papá y su tío le contaban muchos cuentos. "A nadie le sorprende que a mí me guste contar cuentos", dice la señora Ada. Su abuela le contó el cuento de "El gallo que fue a la boda de su tío".

Reacción del lector

Hablemos
¿Alguna vez has querido estar muy guapo o guapa para una fiesta? Explica.

Piénsalo

1. ¿Es importante la boda para el gallo? ¿Cómo lo sabes?

2. ¿Cuál crees que es el personaje más importante del cuento?

3. ¿Por qué le hacen caso al sol los demás personajes?

Mapa del cuento
Haz un dibujo que muestre el ambiente, los personajes, el problema y el desenlace del cuento. Cuando hayas terminado, rotula cada una de las partes.

Simplemente refranes

por Ivelisse Sanabria-Alduén

¿Tienes amigos de diferentes países donde se habla español? ¿Te has fijado en que ocasionalmente usan palabras y frases diferentes a las tuyas?

A pesar de que a veces hablamos de diferentes maneras, nos entendemos fácilmente. A veces usamos los mismos refranes. Los refranes son dichos populares.

Imagínate que estás en el comedor de tu casa. Comiste bien, pero no demasiado.

En este caso, un amigo sencillamente te diría:

"Barriguita llena, corazón contento".

Imagínate que llegas tarde a una fiesta. Tus amigos se alegran de verte y te dan la bienvenida.

En este caso, tus amigos felizmente te dirían:

"Más vale tarde que nunca".

Imagínate que ayudas a una compañera con su tarea. Cuando terminas te sientes muy contenta.

En este caso, una amiga sabiamente te diría:

"Es mejor dar que recibir".

¿Sabes algunos otros refranes? Ahora puedes coleccionar refranes tuyos y de tus amistades y ser el autor o autora de un nuevo cuento sobre refranes.

PEPITA
HABLA DOS VECES

por Ofelia Dumas Lachtman
ilustrado por Alex Pardo DeLange

Pepita era una niña pequeña que hablaba español e inglés.

—Ven acá, Pepita. Ayúdanos, por favor —le decía la gente. Todo el mundo llamaba a Pepita para que hablara por ellos en español y en inglés. Y ella hacía lo que le pedían sin quejarse. Hasta hoy.

Hoy, Pepita no tenía ganas de ayudar a nadie. Quería llegar a casa antes que su hermano Juan. Quería enseñarle un nuevo truco a su perro Lobo. Quería enseñarle a recoger la pelota. Y si Pepita no se apuraba, Juan se lo iba enseñar a Lobo primero.

Pepita salió corriendo por la tienda de Mr. Hobbs, pero no pudo escaparse a tiempo.
—Pepita —Mr. Hobbs la llamó—. Ven para que le hables a esta señora en español. ¡Dime lo que quiere!

Pepita hizo lo que Mr. Hobbs le pedía, pero muy por dentro sintió el principio de una queja.

Pasó en puntillas por la casa donde vivía su tía Rosa, pero no pasó sin hacer un poco de ruido.

—Pepita, ven a hablarle al repartidor en inglés. ¡Mira a ver qué quiere!

Pepita hizo lo que su tía le pidió, pero muy por dentro la queja se fue haciendo más fuerte.

Se deslizó detrás de la cerca de sus vecinos con la cabeza agachada, pero no la bajó lo suficiente.

—Pepita —Miguel la llamó y le dijo en español—, mi madre quiere que hables por teléfono en inglés. Por favor, ven a ver lo que el hombre quiere.

Pepita hizo lo que Miguel le pidió, pero muy por dentro, la queja se hizo más fuerte todavía.

Y cuando entró en su propio jardín y encontró que su hermano Juan ya estaba enseñándole a Lobo a recoger la pelota, la queja se volvió tan fuerte que explotó.

—¡Si yo no hablara español e inglés —exclamó—, habría llegado aquí primero!

Esa noche, ya en cama Pepita se puso a pensar y pensar. Cuando amaneció, ya había decidido lo que iba a hacer. Deslizándose de la cama, pasó en puntillas junto a Lobo que dormitaba en el piso. Entró rápidamente en la cocina donde su madre estaba preparando el desayuno y Juan estaba comiendo.

—Nunca más voy a volver a hablar español —Pepita dijo en voz muy alta.

—Ésa es una gran tontería —le dijo Juan.

—¡Ay, ay, Pepita! ¿Por qué? —le dijo su mamá.

—Porque estoy cansada de hablar dos veces.

—¿Cómo dos veces? —su madre le preguntó.

—¡Sí! Primero en inglés y después en español. Así que no voy a hablar más en español.

Juan mordió un pedazo de tortilla y se sonrió: —¿Cómo vas a pedir enchiladas y tamales... y tacos con salsa? —preguntó—. Todas ésas son palabras del español, ¿sabes?

—Buscaré la forma —Pepita dijo arrugando la frente. No había pensado en eso antes.

Después de desayunar, Pepita besó a su madre, recogió la lonchera con su almuerzo y salió para la escuela. Afuera, bajó la lonchera al suelo y cerró la verja del jardín, pero no del todo. Lobo abrió la verja de un empujón y la siguió.

—*Wolf* —Pepita lo regañó—, *go home!*

Pero Lobo le meneó la cola y la siguió hasta la esquina.

131

—Mr. Jones —Pepita le dijo al guardia de cruce—, ¿puede guardarme a *Wolf*? Si lo llevo a casa otra vez, voy a llegar tarde a la escuela.

—Yo te lo llevaré a casa cuando termine —Mr. Jones le dijo—. Pero yo creía que su nombre era Lobo.

—No —Pepita le dijo—. Él se llama *Wolf* ahora. Yo ya no hablo español.

—¡Qué lástima! —dijo Mr. Jones tomando su letrero rojo de "alto" que decía: *STOP*—. Yo creía que era bueno hablar dos lenguas.

—No es nada bueno, Mr. Jones. No cuando uno tiene que hablar dos veces.

En la escuela, la maestra, Miss García, se sonrió y dijo: —Tenemos una nueva alumna que comienza hoy. Se llama Carmen y no habla inglés. Todos debemos ayudarla lo más que podamos.

Miss García miró hacia Pepita y le dijo: —Pepita, por favor, dile a Carmen dónde puede poner su almuerzo y dónde está todo.

Carmen le sonrío a Pepita y Pepita tuvo ganas de salir corriendo y esconderse, pero se levantó y dijo en inglés: —Lo siento, Miss García, pero no puedo. Yo ya no hablo español.

—¡Qué lástima! —dijo la maestra—. Es tan maravilloso hablar dos lenguas.

Pepita murmuró entre dientes: —¡No es nada maravilloso, no cuando uno tiene que hablar dos veces!

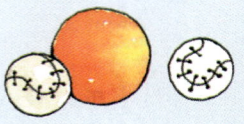 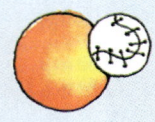 

Cuando Pepita entró en su jardín al regresar de la escuela, encontró a Lobo durmiendo en el portal.

—¡*Wolf*, ven acá, despiértate! —le dijo en inglés. Pero el perro no abrió ni un ojo ni meneó una oreja.

Desde la acera, Juan gritó en español: —¡Lobo! ¡ven acá!

Lobo salió disparado hacia la verja, ladrando.

Juan se rió y dijo: —Oye, Pepita, ¿cómo vas a enseñarle trucos a Lobo si tú no hablas español?

—Ya buscaré la forma —Pepita dijo arrugando la frente. No había pensado en esto tampoco.

El vecino de Pepita, Miguel, estaba en la acera jugando con una pelota de goma. Sus hermanos estaban sentados en el portal cantando. Cuando la vieron, la llamaron:

—¡Ven, Pepita! ¡Ven a cantar con nosotros!

—No puedo —respondió—. Todas las canciones de ustedes son en español y yo ya no hablo español —dijo en inglés.

—¡Qué lástima! —dijeron—. ¿Cómo vas a poder cantar con nosotros en las fiestas de cumpleaños?

—Buscaré la forma —Pepita dijo arrugando la frente. Esto era algo más que no había pensado.

En la mesa a la hora de comer, la madre de Pepita les dijo a todos que Abuelita iba a llegar al día siguiente.

—Abuelita me dice que tiene un cuento nuevo para Pepita.

Juan se rió: —Abuelita cuenta todos sus cuentos en español. ¿Cómo te las vas a arreglar ahora?

—No importa —dijo Pepita en inglés—. Puedo escuchar en español.

—¿Qué pasa? ¿Qué pasa? —el padre de Pepita dijo en español—. *What's going on?* —dijo luego en inglés.

Pepita tragó con dificultad: —*I don't speak Spanish anymore,* Papá —dijo.

—¡Qué lástima! —dijo su padre—. Es muy bueno saber dos lenguas.

—No es nada bueno —Pepita dijo y luego se detuvo. Su Papá la miraba arrugando la frente.

—¡Hasta le dice *Wolf* a Lobo! —dijo Juan.

—¿'*Wolf*'? —dijo su padre con aún más arrugas en la frente—. Bueno, Pepita, entonces vamos a tener que encontrarte un nombre nuevo. ¿Cómo vas a responder a 'Pepita' si ése ya no es tu nombre?

—Ya buscaré la forma —Pepita dijo respirando muy hondo. Esto era algo que nunca había pensado antes.

Esa noche cuando se acostó, Pepita estiró las cobijas hasta la barbilla y puso una cara de terca.

—Buscaré la forma —dijo—. Si quiero, puedo ponerme el nombre de *Pete*. Puedo escuchar en español. Puedo tararear cuando canten. Puedo llamar al taco sándwich redondo de maíz doblado, tostado y crujiente. ¡Y *Wolf* tendrá que aprenderse su nombre!

Con esto se dio vuelta y se durmió.

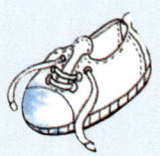

Por la mañana, cuando Pepita iba a salir para la escuela, su amigo Miguel tiró su pelota al jardín de Pepita. Lobo la recogió y la dejó caer a los pies de Pepita.

—Eres un buen perro, *Wolf* —dijo ella en inglés.

Pepita colocó la lonchera en el suelo y le tiró la pelota de vuelta a Miguel. El niñito se rió y aplaudió. En el mismo momento en que Pepita abría la verja, Miguel volvió a tirarle la pelota. Esta vez cayó en la calle. Lobo corrió disparado a buscarla.

—*Wolf!* —Pepita gritó. Pero Lobo no le prestó atención y salió por la verja.

—*Wolf! Come here!* —Pepita gritó. Pero Lobo corrió hasta la misma calle.

¡Un automóvil se aproximaba!

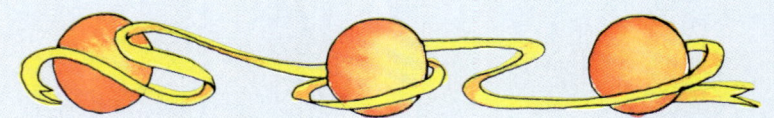

Pepita cerró los ojos.

—¡Lobo! —gritó en español— ¡Lobo! ¡Ven acá!

Lobo dio la vuelta un instante antes de que los frenos del automóvil chillaran. Cuando Pepita abrió los ojos, la pelota rodaba hacia el otro lado de la calle. Un hombre con la cara roja de furia gritaba por la ventanilla de su carro y Lobo regresaba corriendo al jardín.

Pepita cerró la verja firmemente detrás de Lobo y lo abrazó.

—¡Lobo, oh, Lobo, viniste cuando te llamé en español!

Pepita escondió la cara en el pelaje caliente del perro.

—Nunca más te llamaré *Wolf* —dijo—. Tu nombre es Lobo, como el mío es Pepita. Y ¡oh, Lobo, cómo me alegro de haber hablado dos veces! ¡Qué maravilloso es hablar dos lenguas!

Conozcamos a la autora

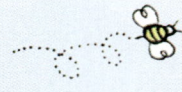

Ofelia Dumas Lachtman

Ofelia Lachtman nació en Los Ángeles, California. Sus papás eran inmigrantes mexicanos, por eso Ofelia creció en un ambiente bicultural y aprendió a ser bilingüe. *Pepita habla dos veces* está basado en algunas de las experiencias que le ocurrieron durante su niñez.

Conozcamos a la ilustradora

Alex Pardo DeLange

Alex Pardo DeLange es venezolana. Estudió en Argentina y también en Estados Unidos donde recibió su bachillerato en bellas artes de la Universidad de Miami. Para ilustrar el cuento de Pepita, se basó en la cultura hispana de Estados Unidos.

Bilingüe
por Francisco X. Alarcón

en casa
tenemos
un perro
bilingüe

"guau guau"
saluda
primero
en español

en caso de
que no lo
entiendan
entonces

"bow wow"
repite
ladrando
en inglés

Pregunta
por Margarita Robleda Moguel

—¿Qué le dijo un globo a otro globo?
—I glob you.

Un dilema

por Shel Silverstein

No es que no me gusten las serpientes,
pero dime qué harías tú
si una te dijera de repente…

Reacción del lector

Hablemos

Si fueras Pepita, ¿qué harías la próxima vez que alguien te hablara en español? ¿Por qué?

Piénsalo

1. ¿Por qué no le obedece Lobo a Pepita? ¿Crees que los animales sólo entienden un lenguaje? Explica por qué.

2. ¿Cómo describirías a Pepita?

3. ¿Cómo crees que es la relación entre Pepita y su hermano Juan? ¿Por qué?

Tu propio juego

Con tres compañeros o compañeras, cambia un juego que conozcas a uno bilingüe. Por ejemplo, si eliges el juego Memoria, escribe las palabras en español y en inglés. Explica el juego al resto de la clase.

El viaje más largo empieza con el primer paso.

Unidad 5

¡Todo mundo a bordo!

¿Qué cosas descubrimos al viajar?

Bienvenidos a la isla
por María Elena Alvarado

Voy de viaje a la isla donde nació mi papá. Voy con mis papás y mis dos hermanos.

Me despido de los grandes rascacielos de mi ciudad. Me pregunto muchas veces: ¿cómo será la isla?

Nunca he ido a la República Dominicana, y tengo muchas ganas de verla. Mi papá siempre me cuenta lo linda que es su tierra.

Sobre las nubes nos vamos acercando a la costa de la isla. Me asomo por la ventanilla del avión.

Veo barquitos y el brillante azul del mar. Veo olas, palmas, arena, niños y salvavidas. ¡Todo se ve tan pequeño desde acá arriba! El avión ya va a aterrizar.

Llegamos al aeropuerto. Hay mucha gente esperando a los pasajeros.

Nos vienen a buscar mi abuela, mi abuelo, mi tío y mis primos. Es la primera vez que veo a mis primos. Enseguida empezamos a hablar en español.

Los abuelos nos traen muchos regalos: un rompecabezas, libros, un portarretratos y una preciosa estrella de cristal.

Vamos de paseo por toda la isla.

Vemos cascadas, ríos, petirrojos y flamboyanes. Mi abuela señala las cosas lindas que nos rodean.

Nos habla en español, que también es el idioma de esta isla. Nos dice: —Es importante que sepan hablar español. Es el idioma de su familia. Recuerden que ser bilingüe es un regalo muy especial.

Luego del paseo volvemos a Santo Domingo.

Visitamos la histórica Ciudad Colonial. Paseamos en familia por la famosa calle las Damas. Cuando pasamos cerca de la Fortaleza Ozama al mediodía, encontramos un lugar donde almorzar.

Comemos pasteles, arroz con pollo y fritos. ¡Qué sabroso!

Hoy me despido de mis familiares. ¡Qué gente tan amable hay aquí! El avión ya está listo para despegar. Me despido de la bella isla y ya tengo ganas de regresar.

¡Qué bueno que tengo muchas fotos! Así la puedo recordar siempre. Con las fotos y con mi imaginación puedo volver cuando quiera.

LA ISLA

por Arthur Dorros
ilustrado por Elisa Kleven

Cuando mi abuela, *my grandma*, me cuenta historias, podemos volar a cualquier parte. Hoy me cuenta de la isla, *the island*, donde ella creció y estamos volando juntas.

Viajamos muy, muy lejos a donde siempre hace calor.

—¡Mira! Mi esmeralda —me dice mi abuela. *I look*. Y veo su isla que brilla como una joya verde en el mar.

—Aire tropical —dice ella respirando profundamente.

El aire caliente y húmedo tiene olor a sal.

Volamos sobre bosques, campos y pueblitos para visitar a mi tío, *my uncle*, Fernando, a mi tía, *my aunt*, Isabel y a mi prima, *my cousin*, Elena. Aunque estamos muy alto, ellos nos ven y nos saludan con la mano.

Tío Fernando es el hermano de mi madre y Abuela es la mamá de ellos. Ellos crecieron en la isla.

—¡Bienvenidas! —nos recibe el tío Fernando. Él y mi mamá, *my mother,* se criaron en esta casa con Abuela y Abuelo.

Mi abuelo murió antes de que yo naciera.

Ahora el tío Fernando vive aquí con su familia. Pienso que se parece a mi mamá, sólo que él tiene barba.

—El osito —lo llama mi abuela, *the little bear.*

167

Abuela me enseña la casa.

En el cuarto del frente Abuelo y ella tenían una tiendecita.

En la pared, junto a un cuadro de la tienda, hay un dibujo del tío Fernando con un pez enorme.

—¡Qué pescado! —me dice mi abuela.
What a fish! El tío Fernando lo encontró en un arroyo y lo trajo a casa para que fuera su mascota.

Abuela le dijo que el pez estaría más contento en el río.

El tío Fernando se puso triste cuando tuvo que soltarlo y por eso Abuela le pintó el cuadro.

—Los niños —*the children,* me dice Abuela, mostrándome una foto de unos chicos. Son mi mamá y el tío Fernando jugando en una fuente.

Abuela y Abuelo la hicieron con piedras de la selva.

—Es mágica —dice mi abuela.

La fuente de veras parece mágica.

El agua que salpica las piedras suena como el cantar de los pájaros.

Ahora Abuela me quiere mostrar más cosas de la isla. Elena dice que se reunirá con nosotras en la playa más tarde.

—¡Que disfruten! —*Have fun*, nos dice.

—Vamos a la selva —dice mi abuela.

Salimos a la selva de donde son las piedras de la fuente. Volamos con loros que agitan sus alas a nuestro lado.

—Las copas de los árboles son como un jardín colorido —le digo a la abuela.

—Y también parecen una sombrilla —comenta ella.

Abajo está oscuro y fresco.

—Como la noche —*like night,* me dice Abuela. Pero aún en la oscuridad ella puede atrapar ranas y lagartijas que corren por las hojas. Los ojos de la selva están muy abiertos, y yo los tengo abiertos también.

—Hay mucho más que ver —dice Abuela al despegar. *There is much more for us to see.*

Volamos a la vieja ciudad, *the old city,* revoloteando entre edificios coloridos y sobre calles de ladrillos azules.

Encima de la plaza, Abuela y yo hacemos piruetas para la gente que está abajo.

—Somos unos pájaros grandes jugando —dice mi abuela sonriendo.

Nos acercamos rápidamente al puerto, donde hay barcos grandes.

—De todo el mundo —me dice Abuela.

—¡Mira! —Me señala un edificio grande. Fue hecho por gente española que llegó a la isla hace cientos de años.

Abuela y Abuelo solían venir a esta ciudad a comprar cosas para su tienda.

—Ha cambiado —suspira Abuela. Ahora hay grandes edificios, estacionamientos y supermercados.

—Vamos al viejo mercado —me dice ella.

Y seguimos, elevándonos sobre las carreteras... hacia un viejo mercado en el campo.

La gente pregona lo que vende: —¡Plátanos!
—¡Mangos!
—¡Papayas!
—¡Cocos!
—¡Piñas dulces! —grita Abuela.

Cuando ella era pequeña, su familia cultivaba piñas dulces para llevar al mercado. En el mercado hay mucha gente y hace mucho calor. En seguida estamos listas para refrescarnos.

—Vamos a nadar —me invita Abuela. Ella nadaba aquí cuando tenía mi edad. —Ven —*Come on*. Me toma de la mano y nos metemos al agua.

Toda clase de peces nos rodean: peces redondos, peces muy finos, peces con rayas y peces con lunares. Abuela salta y se zambulle en el agua también.

—Éste es nuestro circo y tú eres mi pez volador —me dice.

La tía Isabel, el tío Fernando y mi prima Elena se reúnen con nosotras. El tío Fernando usa sus gafas de bucear. La abuela le dice bromeando que parece una rana de la selva. Flotamos de espaldas y el agua se une al cielo. Podemos ir flotando a cualquier lugar.

Cuando llegamos a casa, tenemos hambre de tanto nadar.

—Volemos —me invita la abuela. *Let's fly*. Y volamos a las copas de los árboles para agarrar mangos maduros.

Las manos se nos ponen pegajosas con el jugo. La abuela escoge los mangos más maduros para Elena y para mí.

Haremos una ensalada con los mangos y otras frutas tropicales. Le voy a contar a Elena lo que he visto en su isla.

Después de la comida, nos sentamos en el jardín. Escuchamos el sonido de los pájaros, de los insectos e incluso de las ranas.

—Nos están cantando —dice mi abuela. Las plantas a nuestro alrededor tienen un olor dulce y fuerte. Es como si el jardín fuera nuestra habitación y las estrellas, *the stars,* nuestro techo.

—Ya es hora de partir —anuncia mi abuela. Las estrellas alumbrarán nuestro camino.

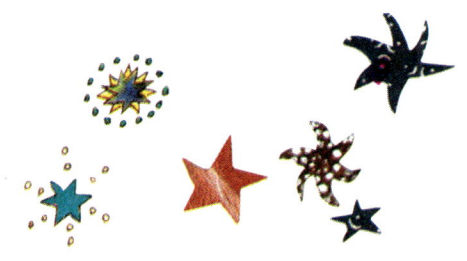

Volamos y volamos en la noche de vuelta a casa.

Al ver las luces de Nueva York nos parecen miles de estrellas.

—Es mágica —le digo a mi abuela.
—Sí, es mágica —contesta ella.

Después de tanto volar, necesitamos dormir. Mi abuela me pregunta en qué pienso.

—En la isla —le digo.

—En nuestra isla —me dice.

Y siento que es nuestra isla y que podemos visitarla cuando queramos.

—Pronto —promete Abuela.

Glosario bilingüe

Palabras de *La isla*

estrellas
cuerpos celestes que brillan en el cielo de noche/*stars*

isla
tierra rodeada de agua/*island*

mamá
mujer que tiene hijos/*mom*

mirar
usar el sentido de la vista para ver algo/*to look*

niños
personas que tienen menos de catorce años/*children*

noche
parte del día en que el sol está escondido/*night*

estrellas

niños

osito
> juguete de peluche en forma de oso/*teddy bear*

osito

pescado
> un pez que se ha sacado del agua/*fish*

prima
> la hija de un tío o tía/*cousin*

pescado

venir
> llegar hacia el lugar donde está la persona que habla/*to come*

volar
> habilidad para ir de un lugar a otro por el aire/*to fly*

Conozcamos al autor

Arthur Dorros

De niño, Arthur Dorros escuchaba los cuentos de sus abuelos e imaginaba que podía volar. De mayor, usó esos recuerdos para escribir *La isla*.

Después de haber sido carpintero, fotógrafo y maestro, el señor Dorros comenzó a crear libros ilustrados, porque le divertía intercambiar cuentos con los niños y niñas. Dice que "todos tenemos cuentos que contar".

Conozcamos a la ilustradora

Elisa Kleven

A Elisa Kleven le gusta usar diferentes materiales en su trabajo. Por lo general, sus hijos y mascotas son los modelos para sus ilustraciones.

Siempre deseó volar, y dice que hacer las ilustraciones para *La isla* fue "¡lo más parecido a ello!"

Reacción del lector

Hablemos

¿Cuál de los lugares del cuento te gustaría visitar? ¿Por qué?

Piénsalo

1. ¿En qué parte de la isla encuentran unos edificios grandes, estacionamientos y supermercados? ¿Por qué se sorprende Abuela al verlos?

2. ¿Cómo es la relación entre la niña y su abuela? ¿Cómo lo sabes?

3. ¿Qué crees que aprende la niña al visitar la isla?

Un mapa de la isla

Haz un mapa de la isla y coloréalo. Muestra los lugares que visitan la niña y su abuela.

Una foto de mi mejor amigo

**por Vivian Cuesta
ilustrado por Joe Cepeda**

—¡Mami, papi, mañana tengo que llevar a la escuela una foto de mi mejor amigo! —exclamó Rebeca al entrar.

Rebeca lo había pensado, pero no sabía cuál de las fotos llevar a la escuela. Extrañaba mucho a sus amigos de Cuba, la isla donde vivía antes de mudarse a Estados Unidos.

Para ella todos sus amigos de Cuba eran sus mejores amigos. ¿Cómo podía escoger solamente uno entre tantos?

—Chica, no te preocupes —dijo mami—. Dentro de poco, vamos a comer. Luego te ayudo a escoger una foto.

Mami le había preparado su plato favorito: empanadas de picadillo y yuca frita. Y para el postre, queso blanco con pasta de guayaba.

Rebeca no quería comer. No tenía mucha hambre. Lo que le preocupaba era la foto de su mejor amigo. Se fue a su cuarto y empezó a hojear su álbum de fotos.

Se sintió triste. Luego le dio sueño. Se quedó dormida y empezó a soñar con sus mejores amigos.

Fue un sueño lleno de buenos recuerdos. Soñaba que pescaba con sus amigos y que nadaba en el agua salada del mar. Soñaba con los campos de caña y con los pueblos de la isla. En el sueño Rebeca se divertía muchísimo.

Cuando era hora de comer, Rebeca se despertó. Su abuelo la esperaba con un regalo.

—Aquí te tengo un regalito —dijo el abuelo.

Rebeca lo abrió. Era un libro sobre Cuba. Tenía fotos del mar, de los campos de caña de azúcar y de los pueblos de la isla.

—¡Me encanta el libro, abuelo! —exclamó Rebeca—. Ahora puedo leer sobre Cuba. ¡Abuelo, eres mi mejor amigo!

A Rebeca se le ocurrió cuál de las fotos llevaría a la escuela. La foto de su abuelo, su mejor amigo.

Tomás y la señora de la biblioteca

por Pat Mora • ilustrado por Raúl Colón

Era medianoche. La luz de la luna llena acompañaba la vieja y cansada camioneta. Tomás también estaba cansado y tenía calor. Echaba de menos su camita y su casa en Tejas.

Tomás iba con su familia otra vez a Iowa. Su mamá y su papá eran campesinos. Cosechaban fruta y verdura para los agricultores de Tejas en el invierno y para los agricultores de Iowa en el verano. Año tras año viajaban, *traca, traca, traca,* en su camioneta vieja.

—Mamá —murmuró Tomás—, si tuviera un vaso de agua fría, me lo tomaría a grandes tragos. Chuparía el hielo. Dejaría caer las últimas gotitas de agua sobre mi cara.

Tomás se puso contento cuando la camioneta, por fin, se paró. Ayudó a su abuelo, papá grande, a bajarse. Luego, les dio las buenas noches a papá, mamá, papá grande y a su hermanito, Enrique. Se acurrucó en el catre, en la pequeña casa que su familia compartía con otros trabajadores.

Temprano, a la mañana siguiente, mamá y papá fueron a cosechar maíz en el campo. Trabajaron todo el día bajo el fuerte sol. Tomás y Enrique les llevaron agua. Luego, los niños jugaron con la pelota que mamá les había hecho de un viejo osito de peluche.

Cuando sintieron calor, se sentaron debajo de un árbol con papá grande.

—Cuéntanos del hombre del bosque —dijo Tomás.

A Tomás le gustaba oír a papá grande contar cuentos en español. Papá grande era el mejor cuentista de la familia.

—En un tiempo pasado —comenzó papá grande—, en una noche tempestuosa, un hombre iba a caballo por el bosque. El viento aullaba, *uuuuuuuuu,* y las hojas revoloteaban, *shsh, shsh*.

—De repente, el hombre sintió que lo agarraban. No podía moverse. Tenía tanto miedo que ni siquiera podía voltear la cabeza. Toda la noche quiso escaparse, pero no pudo.

—Cómo aullaba el viento, *uuuuuuuuu*. Cómo revoloteaban las hojas y cómo le castañeteaban los dientes al hombre.

—Por fin, salió el sol. Poco a poquito, el hombre volteó la cabeza. ¿Y quién crees que lo tenía agarrado?

Tomás se sonrió y dijo: —Un árbol espinoso.

Papá grande se rió: —Tomás, ya conoces todos mis cuentos —dijo papá grande—. Pero en la biblioteca hay muchos más. Ya eres grande y puedes ir solo. Así nos podrás enseñar nuevos cuentos.

A la mañana siguiente, Tomás caminó al centro. Vio la biblioteca grande. Las altas ventanas eran como unos ojos enormes que lo miraban. Tomás le dio varias vueltas al edificio. Vio a los niños que salían con libros. Poco a poquito, Tomás empezó a subir los escalones. Los contó en español: uno, dos, tres, cuatro… Sentía la boca llena de algodón.

Tomás se paró frente a la puerta de la biblioteca. Pegó la cara al cristal para mirar adentro. ¡La biblioteca era inmensa!

Sintió una mano en el hombro. Tomás brincó. Una señora alta lo miraba.

—Es un día caluroso —le dijo ella en inglés. La señora hablaba solamente inglés—. Entra y toma un poco de agua. ¿Cómo te llamas? —le preguntó la señora.

—Tomás —contestó él.

—Ven, Tomás —le dijo la señora.

Adentro estaba fresco. Tomás nunca había visto tantos libros. La señora lo miraba.

—Ven —le dijo ella, y lo llevó a una fuente de agua—. Primero, toma agua. Luego, te traeré unos libros a esta mesa. ¿Sobre qué te gustaría leer?

—Sobre tigres y dinosaurios —dijo Tomás.

Tomás bebió el agua fría. Miró el techo alto. Miró todos los libros alrededor del cuarto. Miró a la señora escoger unos libros de los estantes y traerlos a la mesa.

—Esta silla es para ti, Tomás —dijo la señora. Tomás se sentó y, con mucho cuidado, escogió uno de los libros y lo abrió.

Tomás vio dinosaurios que doblaban el cuello largo para poder beber agua cristalina. Oyó los gritos de los pájaros culebra. Sintió el tibio cuello del dinosaurio y se agarró bien fuerte para ir de paseo. Tomás se olvidó de la señora de la biblioteca. Se olvidó de Iowa y de Tejas.

—Tomás, Tomás —dijo la señora en voz baja. Tomás miró a su alrededor. La biblioteca estaba vacía. El sol ya se ponía. La señora miró a Tomás por un tiempo y al fin dijo:

—Tomás, ¿te gustaría llevarte dos libros a tu casa? Los sacaré prestados a mi nombre.

Tomás salió de la biblioteca abrazando sus libros. Se fue corriendo a la casa, deseoso de mostrarle los cuentos nuevos a su familia.

Papá grande miró los libros de la biblioteca.
—Léeme uno —le pidió a Tomás. Primero,
Tomás le enseñó los dibujos. Le señaló un
tigre. —¡Qué tigre tan grande! —dijo Tomás en
español y luego en inglés: *What a big tiger!*

—Léeme en inglés —dijo papá grande. Tomás
le leyó acerca de los ojos del tigre, que brillan
de noche en la selva. Rugió como un tigre
grandote. Papá, mamá y Enrique comenzaron a
reírse. Se acercaron y se sentaron junto a Tomás
para oír el cuento.

A veces, Tomás iba con sus papás al basurero, a buscar pedazos de hierro para vender en el pueblo. Enrique buscaba juguetes, y Tomás, libros. Luego, los tendía al sol para quitarles el mal olor.

Durante todo el verano, siempre que podía, Tomás iba a la biblioteca. La señora de la biblioteca le decía: —Primero, toma un poco de agua fresca y luego, te doy unos libros nuevos, Tomás.

Si no había mucha gente, la señora le decía: —Ven a mi escritorio y léeme un libro, Tomás—. Luego le decía: —Por favor, enséñame algunas palabras en español.

Tomás se sonreía. Le gustaba ser el maestro. La señora señaló un libro.

—*Book,* libro —le dijo Tomás.

—Libro —repitió ella.

—Pájaro —dijo Tomás, batiendo los brazos como alas. La señora se rió.

—Pájaro —dijo ella—, *bird.*

Los días en que la señora estaba ocupada, Tomás se sentaba solo a leer. Miraba los dibujos por mucho tiempo. Olía el humo de un campamento de indígenas. Montado en un caballo negro, cruzaba el desierto caliente y polvoriento. Y en las noches, les leía los cuentos a mamá, papá, papá grande y Enrique.

Una tarde de agosto, Tomás llevó a papá grande a la biblioteca.

—Buenas tardes, señor —le dijo la señora de la biblioteca. Tomás se sonrió. Él le había enseñado a decir "Buenas tardes, señor", en español.

—Buenas tardes, señora —dijo papá grande.

—Hoy vengo a enseñarle una palabra triste. La palabra es *adiós* —le dijo Tomás en voz baja.

Tomás tenía que volver a Tejas. Iba a echar de menos este lugar tranquilo, el agua fresca, los libros lisos y relucientes. Iba a echar de menos a la señora de la biblioteca.

—Mi mamá le manda esto para darle las gracias —dijo Tomás ofreciéndole un pequeño paquete—. Es pan dulce. Mi mamá hace el mejor pan dulce de Tejas.

—Qué amable. De veras, qué amable —dijo la señora—. Gracias.

Y le dio a Tomás un fuerte abrazo.

Esa noche viajaron, *traca, traca, traca,* otra vez en la vieja y cansada camioneta. Tomás abrazaba su libro nuevo, regalo de la señora de la biblioteca. Papá grande se sonrió y dijo: —Más cuentos para el nuevo cuentista.

Tomás cerró los ojos. Vio los dinosaurios de tiempos atrás bebiendo agua fresca. Oyó los gritos de los pájaros culebra. Sintió el cuello tibio del dinosaurio y se agarró bien fuerte para el dificultoso viaje.

Conozcamos a la autora

Pat Mora se crió en El Paso, Texas. Su familia cruzaba con frecuencia la frontera para visitar a sus familiares que vivían en México. Hoy día opina que es importante valorar su propia cultura.

A la señora Mora siempre le ha gustado mucho leer. Su esperanza es que lo que escribe "viaje de las páginas del libro al corazón del lector".

Conozcamos al ilustrador

De niño, **Raúl Colón** pasaba las horas pintando para no aburrirse. Ya a los nueve años tenía cajas llenas con sus dibujos.

El señor Colón dice: "los niños que les gusta pintar deben tratar de aprender cuanto puedan, visitando los museos para ver las pinturas de los grandes artistas. Que si quieren pintar el cielo de rosado o la hierba de azul, no dejen que nadie les diga que eso no se puede hacer".

Reacción del lector

Hablemos

¿A cuál de los personajes del cuento te gustaría conocer más? ¿Por qué?

Piénsalo

1. Describe a la señora de la biblioteca.

2. ¿Qué estación del año describe el cuento? Explica cómo lo sabes.

3. A la familia de Tomás le gusta contar y escuchar cuentos. Compara la manera en que Tomás y su abuelo cuentan cuentos.

Dentro de un año

Imagínate que Tomás regresa a la biblioteca un año después. Escribe un diálogo entre Tomás y la señora de la biblioteca.

Una familia navegante

por David McPhail

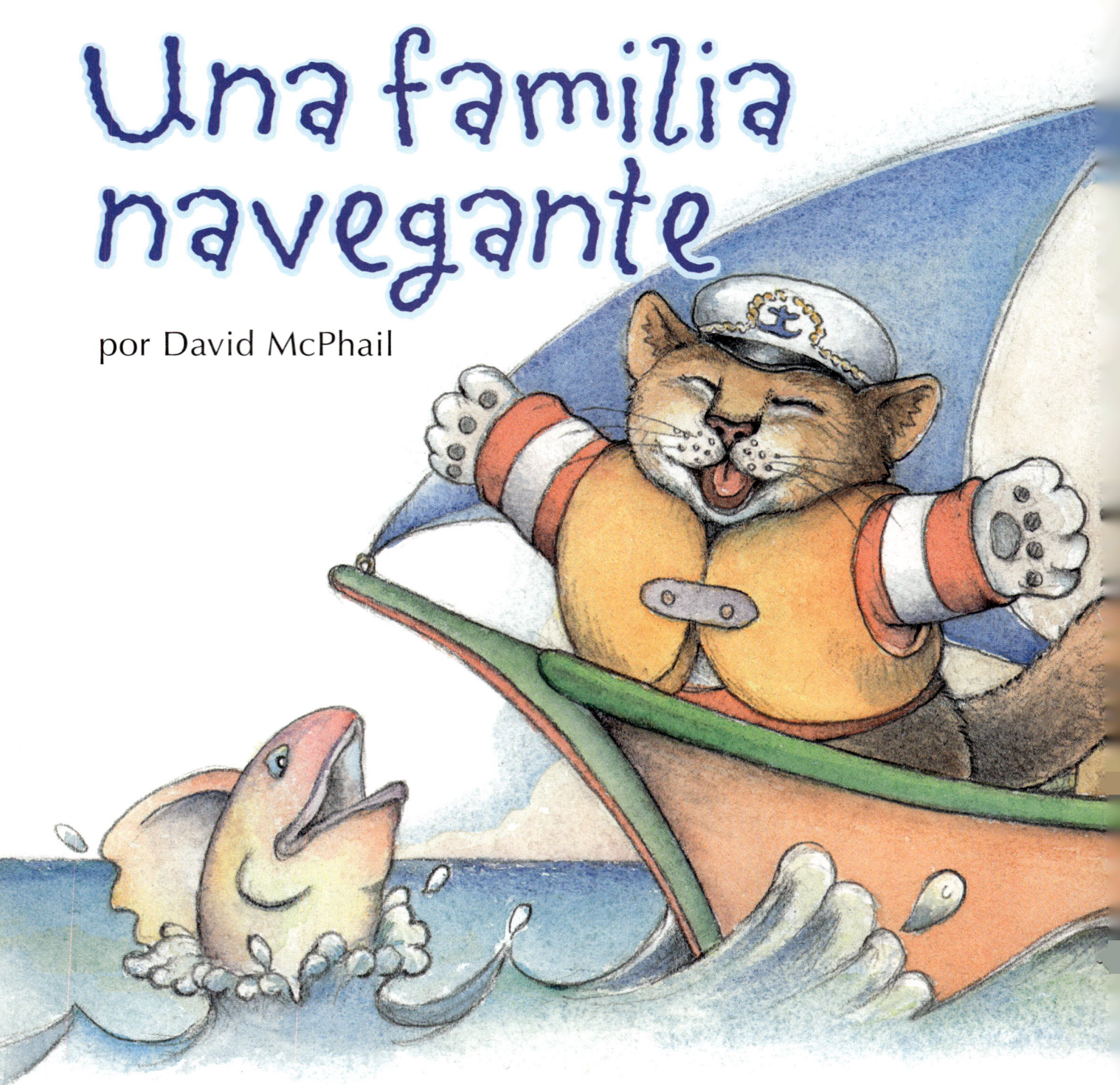

El barco de mi tío tiene dos grandes velas.
Cuando navega, los peces hacen una fiesta.

Saltan con la música, como si quisieran cantar.
Mi tío sonríe muy feliz al verlos a todos nadar.

Ahí va la prima Luisa, que vive en la ciudad.
Le pide el barco a mi tío y decide navegar.

El barco de mi hermano es un barco pequeñito.
Él navega con buen ojo y nos pasea rapidito.

Navegar es algo que hacemos con gusto.
—¡No cuesta trabajo!— me dice Fausto.

Mi mamá siempre en barcos ha navegado,
y con mi papá, muchas ciudades ha visitado.

A uno de sus barcos lo llamó el "Siete vientos".
En él llevan mercancías y navegan muy contentos.

Mi papá tiene un barco de ruidos muy chistosos.
Sus amigos al verlo lo saludan muy gustosos.

Él pasa trabajo cuando está lloviendo.
Debe tener cuidado, y navegar lento.

Mi hermana también tiene un barquito.
Es pequeño, ¡pero muy bonito!

Todos a bordo con el capitán Cruz

por Alice K. Flanagan
fotografías de Christine Osinski

¿Oyes cómo suena la sirena? ¡De prisa! El barco ya zarpa.

¿Ves al capitán en la cubierta? Es el Sr. Cruz, mi vecino.

El barco del capitán Cruz atraviesa la bahía todo el día. Lleva a los pasajeros de Staten Island a Nueva York y de Nueva York a Staten Island.

Antes de zarpar, la tripulación se asegura de que todo funcione bien.
¡El viaje debe ser seguro!

¿Oyes cómo zumban los motores?

Poco a poco, el barco del capitán Cruz se aleja del muelle.

El capitán Cruz revisa la brújula para ver qué dirección lleva el barco.

También observa la pantalla del radar que le muestra cómo mantener el rumbo del barco.

El capitán Cruz habla con su tripulación por radio. Ellos son como una familia.

El ayudante del capitán se sienta a su lado día y noche. Es mejor tener dos vigilantes.

¿Sientes cómo rompen las olas? El capitán maneja muy bien el barco. Ha sido capitán de barco por diez años.

Sabe todo sobre el clima y las corrientes, sobre los puentes y los demás barcos de la bahía y también sobre la famosa Estatua de la Libertad.

El capitán Cruz ve estas cosas cada día en el camino de ida y vuelta a la ciudad.

¿Sientes cómo se detiene el barco? Ya hemos cruzado la bahía.

Después de cada viaje, y al final de cada día, el capitán Cruz escribe en su diario de navegación lo que pasó durante el viaje.

El capitán hace bien su trabajo.

Él ayuda a los pasajeros a llegar a tiempo y sin problemas al trabajo.

El capitán Cruz es responsable y cuidadoso. ¡Con dedicación a su trabajo, ha hecho realidad su sueño de ser capitán de barco!

Conozcamos a la autora

Alice Flanagan se crió en Chicago. Le encantaba contar cuentos, al igual que a su hermana, Christine Osinski. También les gustaba dibujar juntas. Ahora Alice trabaja con su hermana escribiendo libros para niños.

Conozcamos a la fotógrafa

Christine Osinski toma las fotos que ves en los libros de Alice Flanagan. Christine vive en Staten Island, Nueva York. Allí es donde el señor Cruz es el capitán de un barco.

Buen viaje

por Amado Nervo

Con la mitad de un periódico
hice un buque de papel
y en la fuente de mi casa
va navegando muy bien.

Mi hermana con su abanico
sopla que sopla sobre él,
¡muy buen viaje, muy buen viaje,
buquecito de papel!

Barcarola
por Nicolás Guillén

El mar con sus ondas mece
la barca, mece
la barca junto a la costa
brava, la mece
el mar.

Del hondo cielo la noche
cae, la noche
con su gran velo flotando
¡cae la noche
al mar!

Sobre el mar
por Dora Alonso

Sobre el mar
hay una barca,
sobre la barca
un barquero,
sobre el barquero
una nube,
sobre la nube
un lucero.

Reacción del lector

Hablemos

¿Te gustaría tener un trabajo como el del capitán Cruz? ¿Por qué?

Piénsalo

1. ¿Crees que el capitán Cruz tiene un trabajo importante? ¿Por qué?
2. ¿Es el capitán Cruz un buen capitán? ¿Cómo lo sabes?
3. ¿Cómo sabes que al capitán Cruz le gusta su trabajo?

Entrevista con el capitán Cruz

Con otro estudiante, representa una entrevista con el capitán Cruz. Haz preguntas sobre el trabajo. Túrnense.

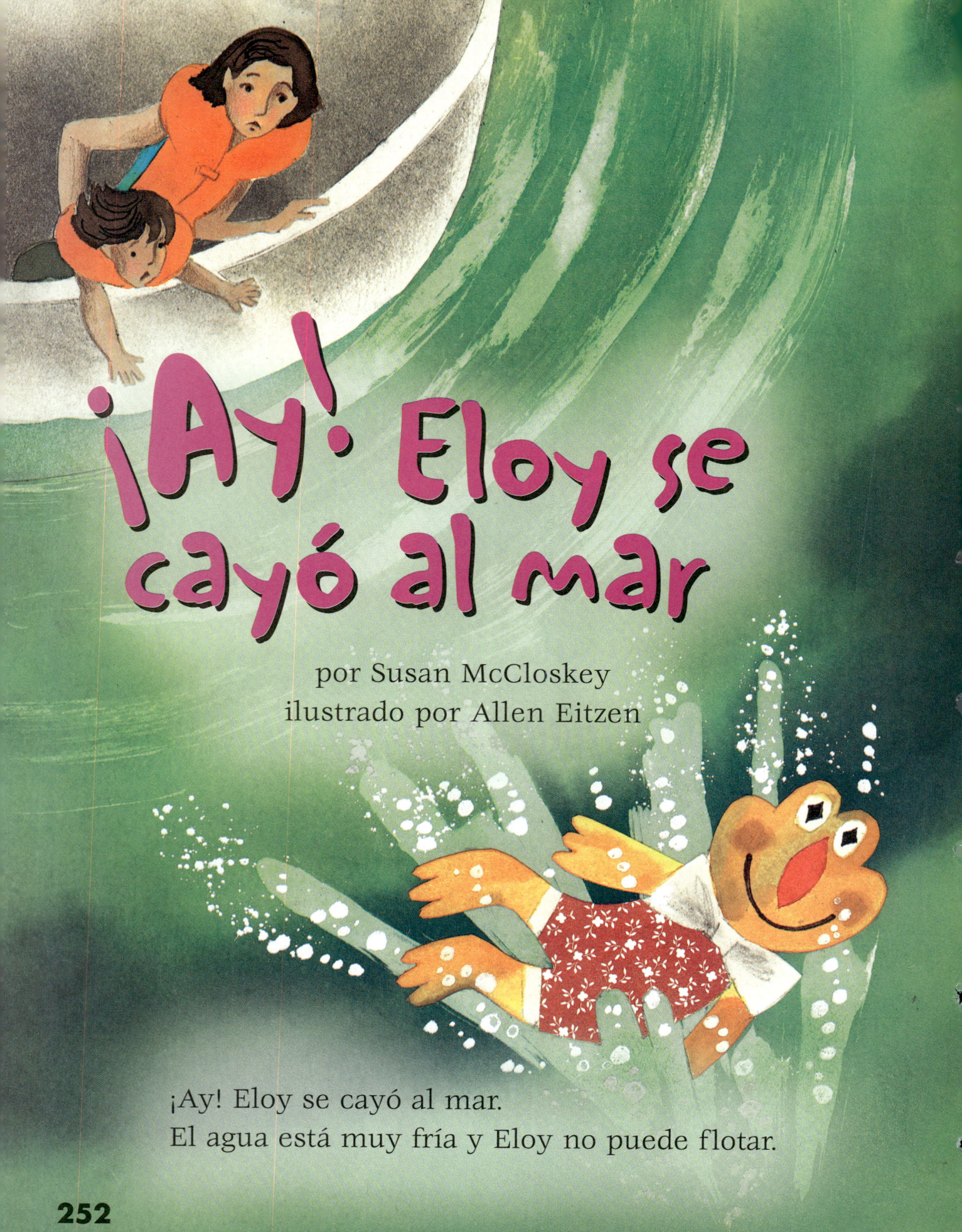

¡Ay! Eloy se cayó al mar

por Susan McCloskey
ilustrado por Allen Eitzen

¡Ay! Eloy se cayó al mar.
El agua está muy fría y Eloy no puede flotar.

¡Ay, ay! Mamá y papá se lanzan al mar. Eloy se está hundiendo. Mamá y papá lo quieren agarrar, pero no se pueden acercar. La medusa anda cerca y los puede lastimar muy fácilmente.

Eloy está ahora bajo el mar. ¿Por qué hay tanta oscuridad? Es la tinta que el pulpo suelta cuando se acaba de asustar.

Mamá y papá, al ver que el pulpo tiene a Eloy, se acercan.

¡Ay! ¿Ahora dónde está Eloy? El pulpo mira desde lejos. Un gran pez empuja a Eloy.

El pez sólo piensa en comida, pero Eloy es muy grande para una boca tan chica.

¡Ay! Ahora Eloy está en el fondo del mar.

Una piedra parece moverse en el paisaje submarino. ¡Pero eso no es una piedra, es otra cosa! Tiene espinas en la espalda. ¡Ay, no! Es un pez roca.

Mamá y papá finalmente han rescatado a Eloy. Son el rey y la reina del mar.

¡Ay, no! Esto no puede pasar: oigo la cámara de papá que se cae ahora al mar.

En el fondo del mar: La medusa

por Patricia Kite

Mira, una medusa pegajosa
tirada en la orilla del mar.
No la voy a tocar. ¡Ay!

El sol pronto
seca la medusa,
que es casi toda de agua.
Si la vieras
al día siguiente,
esto es todo lo que verías.

Pero hay muchas medusas
flotando en el agua.
Unas están cerca,
y otras muy, muy lejos.

Hay medusas de diferentes tamaños:
más pequeñas que una uva
y más grandes que una cama.

Hay medusas de diferentes formas.
Algunas parecen tazas.
Algunas parecen tazones.
Algunas parecen paracaídas.

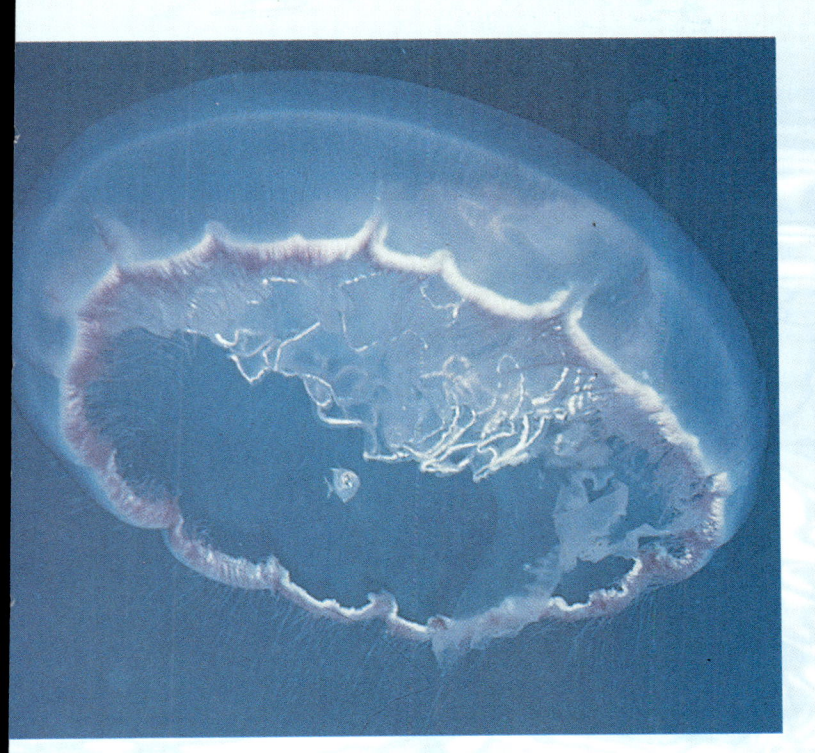

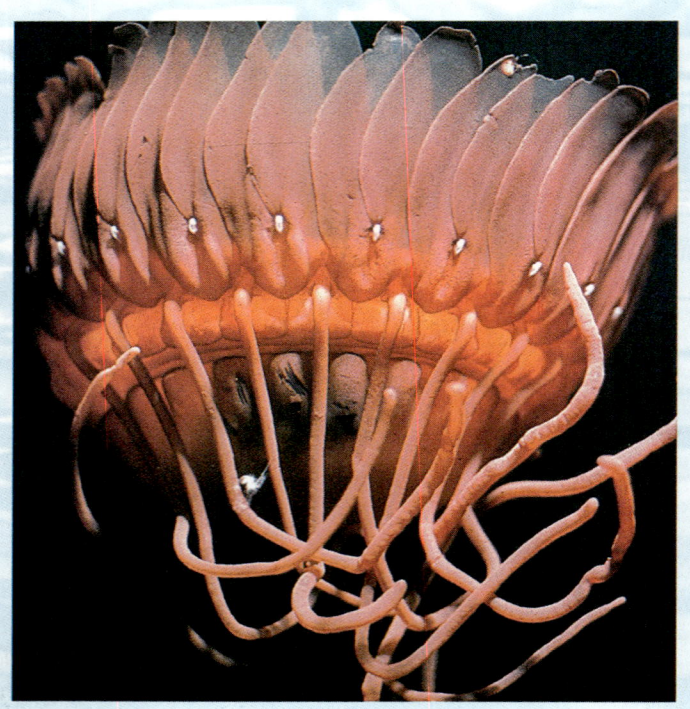

Muchas medusas son transparentes, pero también pueden ser de colores: blancas, azules, rosadas, amarillas, verdes, moradas, rojas, anaranjadas o rayadas.

Algunas brillan en la noche
o en la oscuridad del fondo del mar.

Las medusas pegajosas parecen trozos de gelatina alrededor del hueco de un estómago. Todas ellas comen mucho.

Las medusas comen peces, cangrejos, gusanos, camarones, plancton, plantas y, a veces, medusas más pequeñas. ¡Qué rico! La mayoría de las medusas atrapan su alimento con los tentáculos.
Los tentáculos que cuelgan de las medusas parecen fideos hervidos.

Algunos tentáculos sólo miden una pulgada o menos. Pero otros llegan a medir hasta ciento veinte pies. Más largos que una cancha de básquetbol. ¡Increíble!

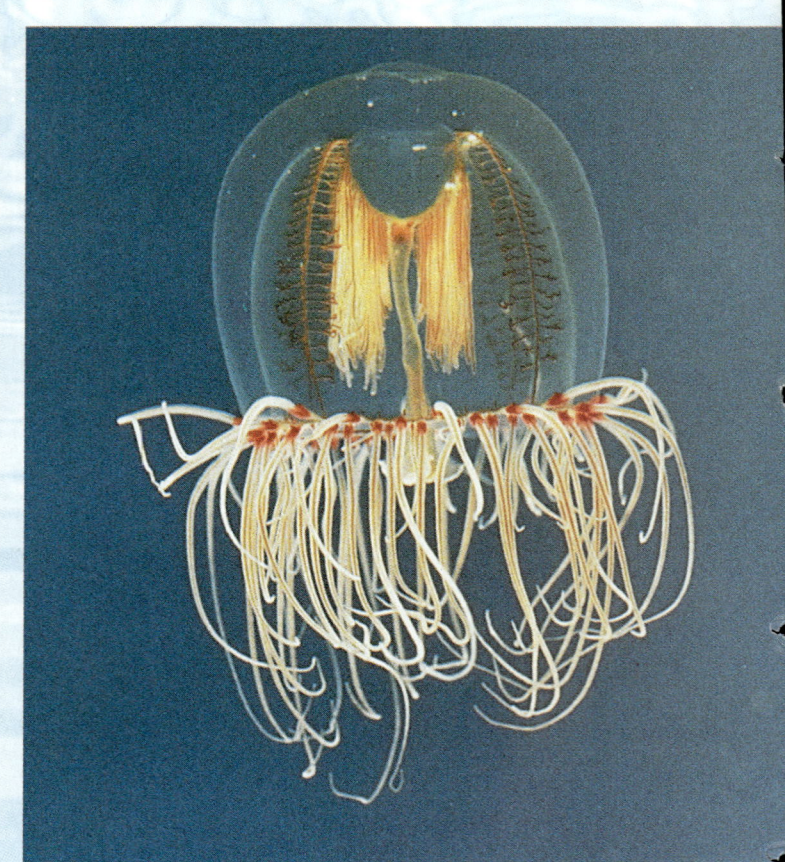

Una medusa puede tener pocos o muchos tentáculos... ¡hasta ochocientos!

Células urticantes

Filamentos urticantes

Cada tentáculo está lleno de
células urticantes.
El alimento que flota a su alrededor
toca los tentáculos.
Pronto, el alimento ya no se mueve.
Los tentáculos lo llevan
a la boca de la medusa.

Para ir de un lugar a otro,
las medusas flotan
o abren y cierran el cuerpo como un paraguas.
Al abrirlo el agua entra en el paraguas.
Al cerrarlo, el agua sale disparada como
un chorro. ¡Fussshhh!

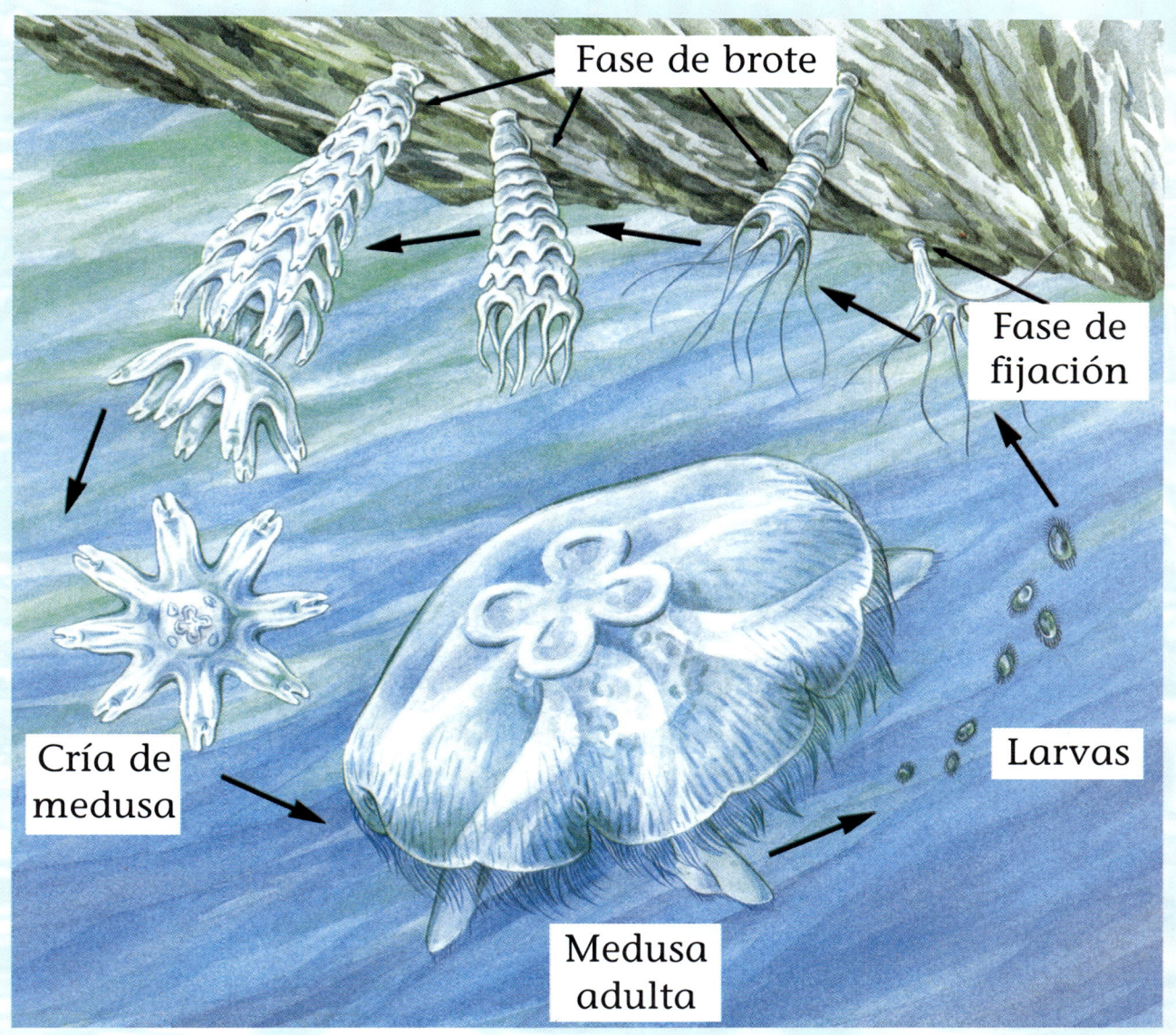

Fase de brote
Fase de fijación
Cría de medusa
Larvas
Medusa adulta

Las medusas recién nacidas
no se parecen a sus papás,
por lo menos al principio.
Así es cómo crecen muchas medusas.

Las medusas viven casi un año,
si antes no se las come
un pez, una tortuga o un pájaro,
y siempre y cuando
el agua no esté ni muy caliente
ni muy fría.

Las medusas han estado en nuestro planeta desde hace mucho tiempo (cuatrocientos cincuenta millones de años). ¡Mucho antes que los dinosaurios!

Conozcamos a la autora
Patricia Kite

"Me gusta que las palabras bailen, que la información cante y que los niños y las niñas sonrían", dice Patricia Kite.

Ella dice que quería escribir sobre las medusas porque siempre se había preguntado si "realmente eran de gelatina".

Reacción del lector

Hablemos

¿Cuáles son las características de la medusa que más te sorprenden?

Piénsalo

1. Escoge una foto. ¿Por qué crees que la fotógrafa escogió esa foto? Explícalo.

2. ¿Crees que la autora piensa que las medusas son interesantes? Explícalo.

3. ¿Cuál crees que es la cosa más importante sobre las medusas?

Haz una tira cómica

Habla sobre un día en la vida de una medusa.

1. Dobla una hoja de papel en cuatro partes.

2. Dibuja una medusa en la primera parte.

3. Escribe una cosa diferente que hace la medusa en cada una de las otras tres partes.

4. Haz más dibujos para acompañar el cuento.

El increíble rugido de Din

por Mary Blount Christian
ilustrado por Bernard Adnet

Din, el pequeño dinosaurio, estaba muy impaciente.

—Mamá, lee otra vez el final del cuento, por favor —dijo Din.

Mamá Dino volvió a leer: —Entonces, el malvado Nerón le dijo a la Princesa Rosaura: "Ahora sí te comeré". Pero la Princesa Rosaura salió corriendo y exclamó: "¡Será imposible!".

Din dijo: —Si algún día veo al malvado Nerón, lo espantaré con este rugido: ¡Glip!

Su hermana Dina dijo: —¡Oh! Estoy muy asombrada —bromeó.

Mamá Dino dijo: —Din, recuerda que el malvado Nerón tiene muchos años de experiencia. Probablemente al escuchar su increíble "¡GROOOUU!" te asustarás.

Pero Din no se desanimó.

Al día siguiente, Din y Dina descubrieron un sendero y fueron a explorar. Din iba unos pasos más adelante que su hermana.

De pronto, un increíble "¡GROOOUU!" se oyó en todo el bosque. Din gritó "¡Glip, glip!" del susto y trató de esconderse en un tronco hueco que estaba cerca. ¡Pero solamente le cupo la cabeza dentro del tronco!

—¡Glip, glip! —gritó de nuevo.

Y se dio cuenta de que por el otro lado del tronco, el grito se convertía en un increíble y fuerte rugido: "¡GROOOUU!".

Los ruidos de Din asustaron a Dina. Salió corriendo por el sendero tan rápido como pudo para poderse envolver en los brazos de Mamá Dino, que los esperaba a ambos con impaciencia.

Din pensó: "Algún día, cuando yo sea grande, mis rugidos serán muy fuertes. Pero por ahora me tendré que conformar con este tronco hueco".

Al día siguiente, Din y Dina caminaron por el sendero que habían descubierto.

De pronto, el malvado Nerón se apareció frente a ellos y empezó a perseguir a Dina.

Din metió la cabeza en el tronco hueco y gritó un gran "¡Glip!" que, al pasar por el tronco, se convirtió en un increíble "¡GROOOUU!".

El rugido fue tan fuerte que inquietó al malvado Nerón, que desapareció a toda prisa por el sendero.

—Din —dijo Dina—. Eres más valiente que la Princesa Rosaura.

Din sonrió. Solamente él sabía su secreto.

Tras las huellas de los dinosaurios

por Miriam Schlein
ilustrado por Phil Wilson

Pónganse las botas y los cascos. Llenen de agua las cantimploras. ¡Nos vamos a buscar huellas de dinosaurios!

Aquí tenemos las primeras huellas. ¿De quién son? ¿Qué nos dicen?

Por ahora ya tenemos un dato. Cada huella mide 38 pulgadas de longitud. No cabe duda de que quien dejó estas huellas era enorme. ¡Y pesado!

Miren qué profundas son las huellas. Cabemos dentro. ¡En una de ellas hay un pez nadando! ¿Quién dio estos pasos de gigante?

Hace más de 100 millones de años, un saurópodo paseaba por un lodazal que había junto a una laguna. Las patas que hicieron estas huellas sostenían un cuerpo de 70 pies de longitud y 30 toneladas de peso.

¡No me extraña que las huellas sean tan profundas! Después la arena se acumuló sobre las pisadas y las cubrió. Con el paso del tiempo, el lodo se convirtió en piedra, conservando estas huellas hasta hoy, para que sepamos que hace millones y millones de años pasó por aquí un saurópodo.

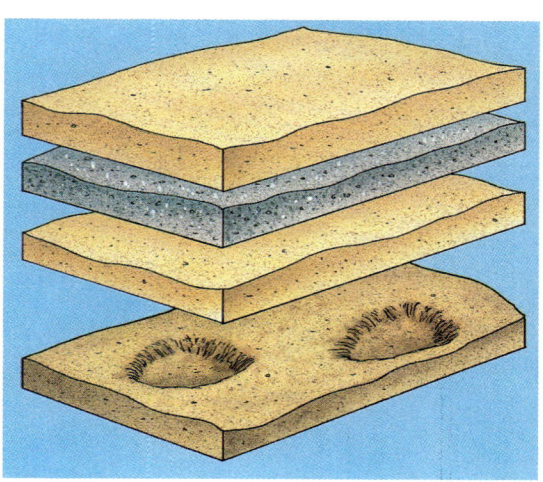

¡Miren! El saurópodo no andaba solo. Estas huellas son distintas. Tienen tres garras afiladas.

Seguramente son las huellas de un alosaurio —un dinosaurio carnívoro de grandes mandíbulas, y dientes curvos y afilados.

Espiando al saurópodo, el alosaurio comenzó a correr tras él. Lo vio como una comida deliciosa.

¿Y se escapó el saurópodo?

No lo sabemos. Las huellas pasan por debajo de unas colinas de piedra caliza. No podemos seguir más la pista.

Quizás un día descubramos el final de la aventura.

Estas huellas fueron descubiertas en 1938 cerca de Glen Rose, un pueblo de Texas, por un experto en dinosaurios llamado Roland Bird. Los habitantes de la zona siempre habían pensado que sólo eran hoyos grandes. Pero cuando Bird los vio, enseguida se dio cuenta de que eran huellas de dinosaurio, probablemente de un saurópodo.

En otra ocasión, cuando Roland Bird estaba en Texas, un señor le preguntó:
—¿Quiere ver unas huellas de elefante?

Bird se fue con el señor a un rancho cerca de San Antonio.

Las huellas tenían más de 100 millones de años. ¡En esa época los elefantes no existían! Entonces, ¿quién hizo esas "huellas de elefante"?

En realidad, eran de otro saurópodo. Estas huellas son distintas de las demás, porque todas son de patas delanteras.

¡Esperen un segundo!

¿Estaría el saurópodo haciendo alguna pirueta, caminando sobre las patas delanteras?

¿Qué pasaría?

Aquí tenemos una pista… ¿Alguna vez han "caminado" con las manos en aguas poco profundas? ¿Recuerdan cómo el cuerpo y los pies flotan?

Eso es lo que hacía el saurópodo: arrastrarse por el agua con las patas delanteras. Así fue como nos dejó estas "huellas de elefante".

Aquí estamos, en una cantera de piedra caliza. ¿Qué es esto? ¿Huellas de gallina? ¿Una gallina en la época de los dinosaurios?

Es cierto, parecen huellas de gallina. Pero tienes razón, en la época de los dinosaurios no había gallinas.

Estas huellas son de un dinosaurio del tamaño de una gallina. Se llamaba compsognato.

Hace ciento cuarenta y cinco millones de años, este pequeño dinosaurio de sólo 2 pies de longitud y 6 libras de peso correteaba con sus patitas parecidas a las de la gallina.

¿Y qué hacía? Probablemente perseguía a algún lagarto pequeño al que se comería. El compsognato es uno de los dinosaurios más pequeños que conocemos.

¡Qué calor! No nos queda ni una gota de agua en la cantimplora y tenemos las botas llenas de lodo.

Tal vez es hora de ir a casa y contar todo lo que hemos aprendido en nuestra búsqueda de huellas de dinosaurios.

Conozcamos a la autora y al ilustrador

Miriam Schlein

Miriam Schlein escribe libros para niños desde hace más de cuarenta años. Le gusta escribir sobre temas de ciencias naturales, como animales. Ha escrito varios libros sobre dinosaurios.

Phil Wilson

A Phil Wilson le han fascinado los dinosaurios desde que era niño. Su madre aún guarda los dibujos de dinosaurios que él hizo con creyones cuando estaba en tercer grado.

El Sr. Wilson tiene una gran biblioteca con libros de dinosaurios. Siempre los consulta para asegurarse de dibujar correctamente los dinosaurios y lugares.

Reacción del lector

Hablemos

¿Te interesan más los dinosaurios ahora, después de leer el cuento? ¿Por qué?

Piénsalo

1. Imagina que han pasado un millón de años. Una persona experta en huellas encuentra las de tus pies. ¿Qué descubrirá al estudiar tus huellas?

2. ¿Qué le preguntarías a una persona experta en dinosaurios?

3. ¿Qué debe saber una persona antes de ir tras las huellas de los dinosaurios?

Haz una huella de dinosaurio

1. Coloca tres reglas en fila.

2. Dibuja una huella de dinosaurio. Asegúrate de que la huella sea del tamaño que señalan las tres reglas.

3. ¿Cuántos compañeros y compañeras caben de pie en tu huella de dinosaurio?

Nada cuesta soñar.

Unidad 6

¡Deja volar tu imaginación!

¿Cómo usamos la imaginación en lo que hacemos?

Una casita agradable

por Anne Phillips
ilustrado por Rosario Valderrama

—¡Al fin encontré una caja para hacer una casita para nuestro club! —dijo María.
Y se quedó pensando por un momento.
—Creo que la caja se verá mejor si le pinto algunas flores.
María pidió a su mamá un poco de pintura y comenzó a pintar flores en la caja.

—¿Qué estás haciendo, María? —preguntó Tomás.

—Estoy haciendo una casita para nuestro club —dijo María.

—Necesita una puerta; si quieres yo la hago —dijo Tomás.

Tomás hizo la puerta. Después cortó un pedazo de cartón en forma de media luna para hacer una ventana. María continuó pintando flores y escribió un número en la pared.

—¿Qué están haciendo? —preguntó Rosi.
—Estamos haciendo una casita para nuestro club —contestaron María y Tomás.
—Necesita cortinas —dijo Rosi, y fue corriendo a su casa a pedirle a su mamá un poco de tela del sombrero que ella estaba cosiendo.

Rosi comenzó a pegar la tela en la ventana de la casita. María siguió pintando, mientras Tomás estaba cortando otra ventana.

—¿Qué están haciendo? —preguntó Carlos.
—Estamos haciendo una casita para nuestro club —contestaron María, Tomás y Rosi.
—Necesita sillas —dijo Carlos.
Carlos encontró unas cajas.
—Estas cajas serán las sillas —dijo Carlos.
María, que escribía "Casa del Club" en letra muy clara, dijo: —Carlos, tú puedes colgar tu foto dentro de la casita, mientras Tomás corta otra ventana y Rosi pega otra cortina.

La mamá de María escuchó risas en el patio y vio que todos estaban cantando y saltando felices.

—¿Qué están haciendo? —preguntó.

—Estamos terminando la casita para nuestro club —contestaron.

—El tamaño es perfecto para nosotros; es la casa más agradable del mundo —dijeron sonriendo.

—Creo que les falta algo —dijo la mamá de María, y les dio un plato de deliciosas galletas.

—¡Qué amable! Ahora sí, la casita para nuestro club es perfecta —dijeron los niños del club.

Y tenían razón.

Las ovejas de Nico

por Elisa Ramón • ilustrado por Agustí Asensio

Nico no podía dormir. Nico bostezaba. Se revolvía inquieto entre las sábanas. Cerraba los ojos, primero con suavidad, después con mucha fuerza. A Nico le escocían los ojos de tanto sueño. Pero Nico no podía dormir.

Nico estaba insoportable porque se caía de sueño y no podía dormir.

—¡Cuenta ovejas! —le soltó su hermana, que sí podía dormir y, además, quería hacerlo.

A Nico le pareció muy buena idea. Se imaginó un prado verde con un bosque a lo lejos, un riachuelo, un montón de ovejas pastando y una cerca de tres listones de madera roja.

Las ovejas de Nico eran especiales. Todas ellas eran suaves como el algodón y cada una de ellas se diferenciaba de las demás. Una calzaba calcetines rojos. Otra presumía de un lazo en el rabo. Una llevaba un sombrero de paja. Otra, un abrigo de tul. La de largas patas lucía zapatos deportivos. Otra, una gran cinta azul en la cabeza. Otra más, un pendiente en la oreja derecha. Otra, gafas de sol. Una de ellas se protegía del sol con una sombrilla multicolor… Y todas, todas eran distintas.

Las ovejas dejaron de pastar y se colocaron en fila india, listas para saltar.

—¡Una! —contó Nico.

La oveja del sombrero de paja saltó la cerca.

—¡Uf! —resopló—. Por poco tropiezo.

—¡Dos! —siguió Nico.

La segunda saltó la cerca. Era la oveja de las largas patas que calzaba zapatos deportivos.

—¡Tres! —pensó Nico.

Como estaba muy delgada, la oveja del abrigo de tul saltó sin dificultad.

—¡Cuatro!

La oveja de los calcetines rojos parecía dispuesta a seguir a sus compañeras…, pero a un paso de la cerca frenó en seco.

Las demás ovejas se miraron sorprendidas. Algo grave sucedía cuando una de ellas se detenía. Se arremolinaron alrededor de la oveja de los calcetines rojos.

—¿Qué ocurre? —preguntó la del lazo en el rabo.

—No quiero saltar —respondió muy decidida la oveja de los calcetines rojos.

Las ovejas se volvieron a mirar, esta vez, horrorizadas. Nunca ninguna oveja se había negado a saltar.

Durante unos instantes todas callaron sin saber qué decir, hasta que por fin habló la del lazo en el rabo.

—Oveja, salta —ordenó—. Hay que respetar el turno. Si no saltas tú, no podré hacerlo yo.

—Ni yo.

—Ni yo.

—Yo tampoco.

Dijeron las ovejas que guardaban la cola para saltar.

Pero la oveja de los calcetines rojos se negó en redondo.

—¡Eres una oveja fastidiosa! —exclamó la del lazo en el rabo, que se moría de ganas de saltar la cerca.

—Si tú no saltas, Nico no podrá dormirse —exclamaron sus compañeras del otro lado de la cerca.

—Eso —añadió la oveja del pendiente en la oreja derecha—. Y si Nico no puede dormir, dejará de contar ovejas… y entonces, ¿qué será de nosotras? —casi lloriqueó.

—Si Nico quiere dormir, que cuente conejos o vacas o patos. Yo estoy harta de saltar la cerca. ¡Yo quiero saltar la comba! —dijo la oveja de los calcetines rojos.

Todas las demás ovejas la observaron y pensaron que quizá se había vuelto loca de remate.

—Yo quiero que Nico se duerma —explicó la oveja de los calcetines rojos—. Pero haciendo aquello que nos gusta. ¡Y a mí me gusta saltar la comba! —repitió una vez más.

Las ovejas pensaron durante un largo rato lo que había dicho su compañera. Quizá la oveja de los calcetines rojos no estaba tan loca de remate como creían. Al cabo de un rato, cada una de ellas explicó lo que más le gustaba.

—A mí me gusta saltar charcos —dijo la de la cinta en el pelo.

—A mí, brincar sin rumbo fijo —aseguró la del abrigo de tul.

—A mí, cruzar el río saltando de piedra en piedra —reconoció la oveja del sombrero de paja.

—Mi prima de Australia me enseñó a saltar como un canguro —se enorgullecía la de las gafas de sol.

—¡A mí me gusta saltar ovejas! —exclamó la oveja que llevaba zapatos deportivos.

—Yo prefiero saltar la cerca —dijo la del lazo en el rabo.

—Yo siempre deseé saltar como un grillo —confesó la del pendiente en la oreja.

—¡Y yo, saltar a la pata coja! —añadió la oveja que se protegía del sol con una sombrilla multicolor.

Y todas, una detrás de otra, contaron aquello que más les gustaba.

—¡Pues hagámoslo! —exclamó la oveja de los calcetines rojos—. Divirtámonos haciendo dormir a Nico.

Mientras las ovejas llegaban a un acuerdo, Nico dormía profunda y cómodamente… desde hacía un buen rato (más o menos a mitad de cuento).

Conozcamos a la autora

Elisa Ramón

Nació en Barcelona, España. Antes de ser escritora, se dedicó al teatro. Dice que lamentablemente no tuvo mucho éxito como actriz. Luego trabajó como editora de cuentos infantiles y así fue como empezó a escribir libros para niños.

Conozcamos al ilustrador

Agustí Asensio

También es de Barcelona. De niño aprendió por sí mismo a dibujar. A los quince años trabajó como ilustrador en una producción de la película de dibujos animados "El mago de los sueños".

Reacción del lector

Hablemos

¿Cuál de las ovejas de Nico es tu favorita? ¿Por qué?

Piénsalo

1. ¿En qué se diferencian las ovejas de Nico de las que tú conoces?

2. ¿Cómo resuelven las ovejas su discusión? Explica qué te parece la manera en que resolvieron el problema.

3. ¿Por qué crees que Nico al fin se duerme?

Consejos para Nico

Escribe otros consejos que le darías a Nico para dormir, en lugar de contar ovejas.

¡Ve tus colecciones aumentar!

por Joanne Ryder

Postales, muñecas, plumas, piedras...

Sellos, monedas, trenes, relojes...

La gente colecciona una gran variedad de objetos. ¿Alguna vez has coleccionado algo?

¡Una colección puede ser un pasatiempo divertido!

Un buen comienzo

Se colecciona casi todo. Muchas colecciones son fáciles de empezar. Pero es bueno saber algo sobre los objetos de la colección. Mientras coleccionas, vas aprendiendo.

Al ir al campo o a la playa verás en el camino objetos que podrías coleccionar. También puedes leer libros de autores interesados en las colecciones o pedir ideas a tu familia.

Ahora conocerás algunos jóvenes coleccionistas que hablan de sus colecciones.

Busca en tu propio patio

No tienes que ir muy lejos si quieres coleccionar algo. Busca objetos que estén a tu alrededor. Así es como Mauricio comenzó a coleccionar hojas.

—He encontrado hojas con formas muy raras, como éstas que parecen abanicos —dice Mauricio—. Mi colección ha ido aumentando poco a poco con el tiempo.

Por un osito de regalo

A veces las colecciones comienzan con un regalo.

—Mi colección comenzó con Fausto, el primer oso de peluche que me regaló mi tío Eugenio —dice Laura—. Ha aumentado hasta llegar a veintiocho osos de peluche, aunque Fausto sigue siendo mi favorito.

—A mi hermana y a mí nos gusta mucho hacer ropa bonita para mis osos de peluche —añade Laura.

Una casa llena de sombreros

—Yo colecciono sombreros —dice Eusebio—. Me gustan los sombreros chistosos, los sombreros grandes y los de muchos colores.

—Uso los sombreros cuando salgo, o en actividades especiales de la escuela. Tengo sombreros colgados por toda la casa —añade Eusebio.

—Mi objetivo es tener sombreros de todas partes: americanos, africanos, europeos, asiáticos y australianos —dice Eusebio.

Empieza tu propia colección

Escoger un objeto para coleccionar es como escoger a un amigo. Escoge un objeto que te guste.

Mira a tu alrededor. Fíjate en tu casa, en un jardín, en un auto o en una nube. Hay muchas pistas para ayudarte a decidir qué objetos puedes coleccionar.

Coleccionar es muy divertido. Comienza ahora y verás cómo tu colección aumenta con el tiempo.

Los charcos de Ernesto

por Elisa Kleven
versión en español de Yanitzia Canetti

Una brillante mañana después de una tormenta, Ernesto, un cocodrilo pequeño y azul, se preparaba para ir a la playa con Samuel, su hermano grande y verde. Brincaban sobre la hierba mojada y dejaban sus huellas en el lodo, mientras iban tamborileando sus relucientes cubetas.

—Voy a llenar mi cubeta con caracoles —dijo Samuel, a quien le encantaba coleccionar cosas.

—Voy a llenar mi cubeta con arena y a construir un castillo de arena —dijo Ernesto, a quien le encantaba hacer cosas.

—Tal vez además encuentre piedrecitas en todo tipo de formas y colores para mi colección de piedras —dijo Samuel—. Y algunas plumas para mi colección de plumas, y quizás alguna cuerda.
Samuel se inclinó a recoger una liga.

—¡Justo lo que necesitaba para mi colección de ligas! Deberías empezar una colección, Ernesto.

—No sé qué coleccionar —replicó Ernesto.

—Colecciona algo que realmente te guste —dijo Samuel—. Algo que tenga diferentes tamaños, formas y colores. Así tu colección será interesante.

Ernesto observó que las nubes formaban flores y caballitos de mar en el cielo debido al viento. Vio una pequeña nube en forma de serpiente que se inflaba hasta convertirse en dragón. Vio una nube en forma de conejo que se enrollaba hasta convertirse en pelota.

—Las nubes son interesantes —dijo—. Me gustaría coleccionar nubes.

—¿Nubes? —exclamó Samuel—. ¡Las nubes no se pueden coleccionar! Piensa en otra cosa que te guste.

—Estrellas —dijo Ernesto, y se imaginó el cielo de la noche—. Me encanta mirar las estrellas.

—Pero las estrellas tampoco se pueden coleccionar —dijo Samuel—. Están demasiado lejos y son demasiado grandes y muy, pero muy calientes.

—Parecen tan pequeñitas y frías —dijo Ernesto—. Me gustaría coleccionar estrellas.

—¡Ya sé! —dijo Samuel—. ¡Estrellas de mar! Podrías coleccionarlas.

—Me gustan las estrellas de mar, pero en el mar —dijo Ernesto—, no para coleccionarlas.

—Bueno —sugirió Samuel—. ¿Y qué tal las galletitas con forma de estrella? Podrías coleccionar las de mantequilla escarchadas.

—Y las de chocolate polvoreadas —añadió Ernesto.

—¡Y las de cerezas con nueces tostadas! —dijo Samuel.

A Ernesto se le hacía agua la boca: —Me gustaría coleccionar un montón de galletitas ahora mismo... ¡en mi barriguita!

En ese momento, algo captó la atención de Samuel: una tapa de botella que flotaba en un charco.

—Mira esa tapa brillante, Ernesto. ¡Podrías empezar una colección de tapas de botellas!

—Está bonita —coincidió Ernesto—. Pero me gusta el charco más que la tapa.

—¿El charco? —dijo Samuel.

—Parece un pedacito de cielo en la tierra. Me gustaría coleccionarlo.

—Los charcos no se pueden coleccionar —dijo Samuel.

—Claro que sí se pueden coleccionar —dijo Ernesto—. No están demasiado lejos ni son demasiado grandes ni demasiado calientes... y no me los quiero comer. *Plich-plach.* Ernesto echó el charco en su cubeta con la pala.

—Ernesto —dijo Samuel—, no vas a empezar una colección de charcos, ¿verdad?

—Pues sí —dijo Ernesto y recogió un charco verde, redondo como un platillo. *Plach-ploch,* añadió el otro charco a la cubeta.

Samuel entornó los ojos: —Mientras tú te quedas aquí coleccionando charcos, yo me voy a la playa a coleccionar cosas *de verdad.*

"Los charcos son de verdad", pensó Ernesto, mientras buscaba más para su colección. "Aquí hay un charco morado...

y uno rayado

y uno floreado.

Aquí hay un charco lleno de rombos y un charco lleno de cuadrados...

un charco lleno de chicles y un charco lleno de escobas, un charco como un huevo de Pascua,

un charco como una rueda y un charco con una galleta dentro.

—Charcos resbalosos, charcos lisos, charcos con letras y con limones —cantaba Ernesto mientras recogía los charcos. *Plich-plach* cantaban los charcos mientras caían a la cubeta.

Samuel volvió con su cubeta llena hasta arriba.

—¡Mira lo que encontré, Ernesto! Doce caracoles,

ocho plumas,

diecinueve piedrecitas,

tres algas marinas,

una canica,
la mitad de una
cáscara de nuez,

y un dinosaurio plástico sin cabeza.

—Yo encontré un montón de charcos —dijo Ernesto—. Todos de diferentes tamaños, colores y formas.

Samuel miró fijamente dentro de la cubeta de Ernesto. —¡Tus charcos son todos iguales! ¡Parece una cubeta llena de agua común y corriente!

—Ahora son un *gran* charco —dijo Ernesto—. ¡Un charco de Ernesto y Samuel!

—Ésta es la colección más extraña que he visto en mi vida —replicó Samuel—. ¿Qué se puede hacer con un charco?

—Ya se me ocurrirá algo —dijo Ernesto, y cargó su cubeta cuidadosamente mientras empezaban el regreso a casa.

—¡Ya sé! —dijo Samuel—. Puedes ayudarme a enjuagar mis nuevas colecciones.

—Eso puedes hacerlo tú mismo —replicó Ernesto—. Ya se me ocurrirá qué más hacer con mi charco.

Ernesto puso su cubeta en la hierba y se sentó en el columpio. Mientras se columpiaba, su charco fue cambiando lentamente de dorado a rosado. Las nubes nadaban dentro y fuera de él como peces.

Ya de noche, las estrellas y también un pedacito de luna se reunieron en el charco que llenaba la cubeta.

A la mañana siguiente, muy temprano, Ernesto salió a ver su cubeta. Un perro con mucha sed bebía de ella.

—¿Te gusta mi sopa mágica de charco? —le preguntó Ernesto.

El perro meneó la cola y bebió un poco más, y le dejó a Ernesto sólo el agua suficiente para pintar algunas acuarelas.

Ernesto pintó al perro,

y pintó algunas nubes

y algunas estrellas y muchos charcos.

Samuel pasó con su cubeta llena de flores, bellotas y hojas.

—He comenzado algunas colecciones nuevas —dijo—. ¿Y tú qué tienes ahí, Ernesto?

—Un perro —dijo Ernesto—. Y una colección de pinturas.

—¡Aaah! —dijo Samuel—. ¡Qué colección! ¡Con nubes y estrellas y de todo!

—Usé parte de mi colección de charcos para hacerla —explicó Ernesto—. El perro se tomó la otra parte.

Ernesto acarició al perro. Observaba las nubes y las estrellas y los charcos que brillaban en la hierba. Se sentía orgulloso y feliz, y además tenía hambre: aún no había desayunado.

—Vamos a coleccionar moras de los arbustos del camino —dijo.

—¡Buena idea! —Samuel agarró su cubeta—. Quizás encontremos algunos centavos en el camino, y algunos piñones y envolturas de chicle.

—Y quizás algunas sombras también —dijo Ernesto.

—¿Sombras? —dijo Samuel—. No se puede...

—¡Claro que sí puedo coleccionar sombras! —gritó Ernesto. Y agarró una por un segundo en su cubeta.

Y cuando acabó el alboroto, Ernesto y Samuel llenaron sus cubetas, y sus barrigas, con moras dulces y jugosas.

Gráfica de barras

Un estudiante de segundo grado de la escuela Benito Juárez tiene varios tipos de colecciones. ¿Cuántas estampillas tiene coleccionadas? Búscalo en la gráfica de barras.

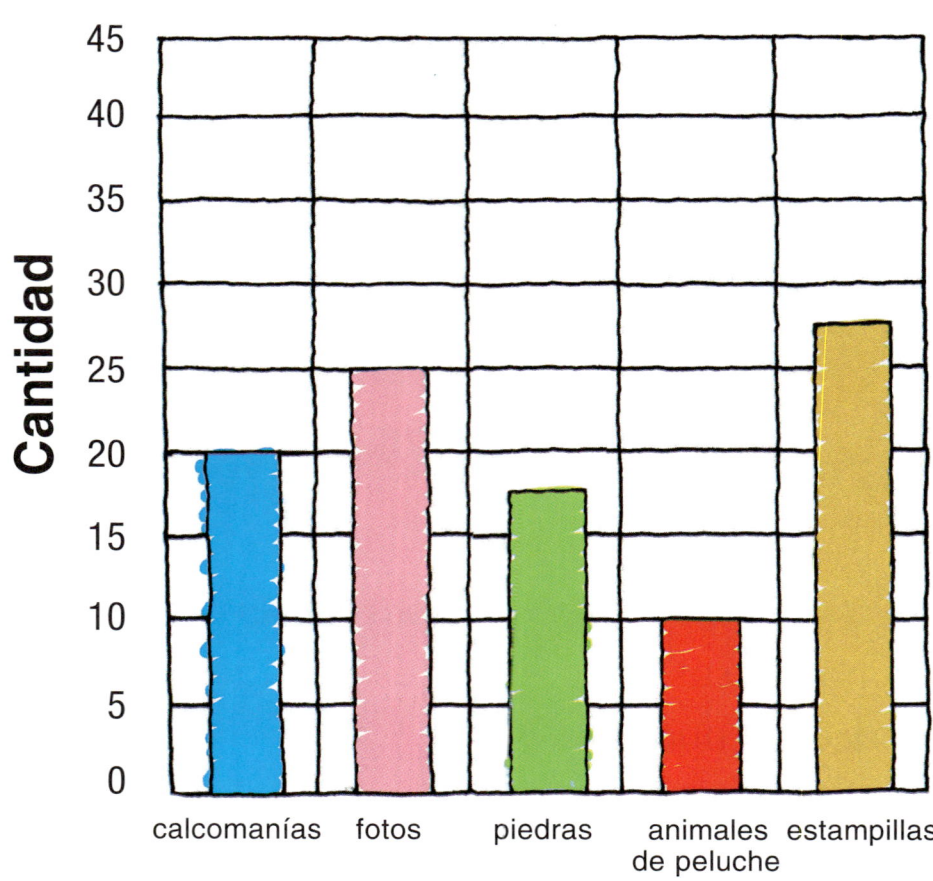

Gráfica circular

Si en vez de una gráfica de barras, el estudiante hubiera hecho una gráfica circular para ver lo que tiene en su colección, tal vez su gráfica sería como la de abajo. ¿Cuántas calcomanías tiene el estudiante?

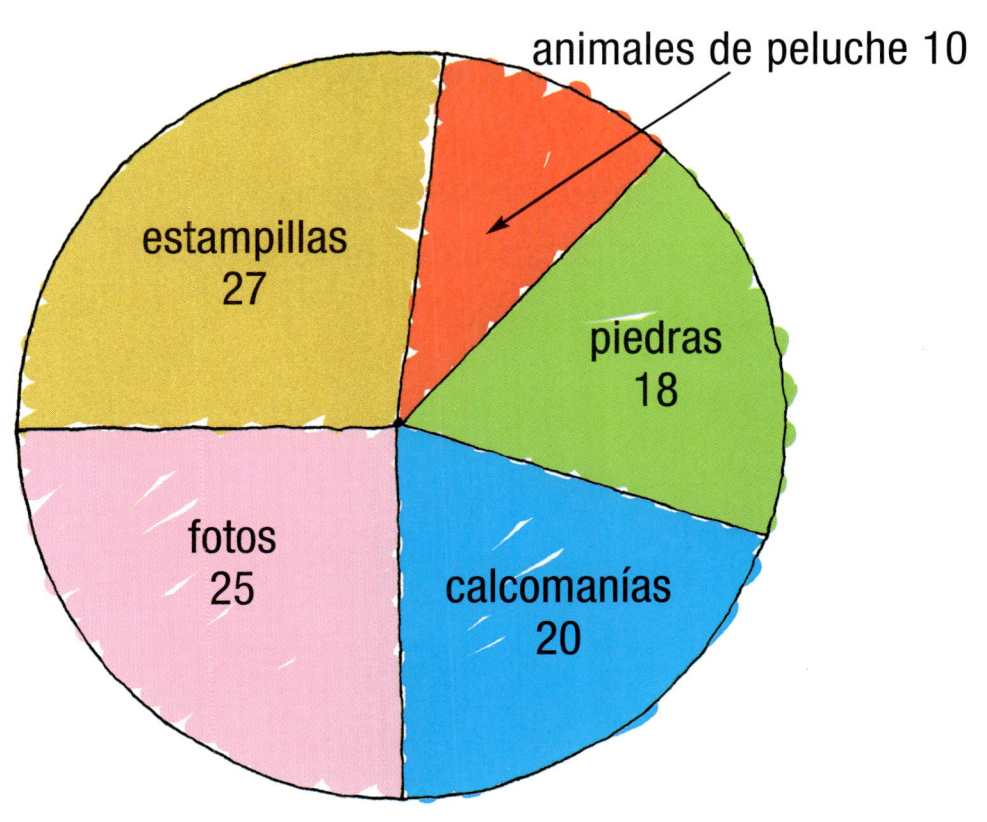

Colecciones

Conozcamos a la autora e ilustradora
Elisa Kleven

A Elisa Kleven le gusta coleccionar cosas, al igual que a sus personajes Ernesto y Samuel.

La Sra. Kleven usa materiales, como cintas y lana, en sus ilustraciones. Le gusta "experimentar, agrupar, reagrupar y descubrir sorpresas divertidas" mientras trabaja.

"Me gusta mucho recortar y pegar pedacitos de esto y de aquello para formar nuevas figuras", dice.

Para Elisa Kleven, crear libros es muy divertido. ¡Inventar sus personajes le recuerda cuando jugaba con sus juguetes!

Reacción del lector

Hablemos

Imagina que pudieras coleccionar cualquiera de las cosas del cuento. ¿Qué coleccionarías?

Piénsalo

1. Samuel dice que va a coleccionar cosas de verdad. ¿Qué quiere decir Samuel con cosas de verdad?

2. ¿Por qué cree Ernesto que puede coleccionar nubes, estrellas y un pedacito de luna en su cubeta?

3. ¿En qué se diferencian Samuel y Ernesto?

Colección de charcos en cubeta

Echa un poco de agua en una cubeta. ¿Qué ves en ella cuando la giras y la volteas? Haz una lista de las cosas que ves.

La sopa de piedritas

por Lily Toy Hong

Un día, un vendedor cruzó un puente y llegó a un pueblito. Detuvo su carrito y se sentó en una piedra. Tenía hambre y le pidió un poco de comida a una señora.

—No crea que no somos generosos, señor, pero no tenemos comida ni para nosotros —dijo ella.

El vendedor sacó de su carrito una gran olla negra.

—Voy a hacer una sopa de piedritas para todos —dijo el vendedor.

—¿Una sopa de piedritas? —preguntó la señora, muy sorprendida.

—Ya verá, un sorbito le mostrará lo rica que es la sopa de piedritas. Sólo me hace falta un poco de agua.

La señora trajo agua y el vendedor hizo una hoguera.

Pronto, una curiosa multitud se acercó.

—No hay nada más rico que una sopa de piedritas —dijo el vendedor, echando una piedrita en la olla—. Ahora debemos esperar un ratito.

—Esperen todo lo que quieran —dijo el carnicero—. Pero así no van a conseguir ninguna sopa.

El vendedor mezcló la sopa y la olió. Dijo:
—La sopa ya está lista, pero tendría mejor sabor si le pusiéramos remolachas.

Una viejita le dijo al vendedor: —Aquí tengo un par de remolachas.

El vendedor les quitó hojita por hojita y puso las remolachas en la olla.

El vendedor dijo: —La sopa huele rico, pero le vendrían muy bien unas papas.

Un niñito trajo una papa en cada manita y dijo:

—¡Encontré dos papas!

El vendedor puso las papas en la olla y dijo:

—Si tuviéramos unas zanahorias, quedaría mejor.

—Estas zanahorias son de mi jardín —dijo una señora—. El maíz no crece, pero las plantas de zanahoria sí.

El vendedor las puso en la olla y dijo: —Hacen falta cebollitas.

—Tenga estas cebollitas —dijo un señor.

El vendedor las puso en la olla.

La sopa ya tenía un delicioso aroma.

—Esta sopa de piedritas es muy buena, pero con un poquito de carne sabría aun mejor —dijo el vendedor.

El carnicero contestó malhumorado:

—Bueno, supongo que puedo darle un pedacito de carne para la sopa.

Y puso la carne en la olla.

El vendedor tomó un sorbito y dijo sonriendo: —Ésta es la mejor sopa de piedritas que he hecho.

—¡Eso lo quiero comprobar yo! —exclamó el carnicero tomando un sorbito de sopa.

—¡El vendedor tiene razón! —dijo gustoso.

Ese día, todos probaron la sopa. No hubo abuela ni bebé que no la probara, hasta que se acabó. Esa noche, el vendedor se marchó. Y por mucho tiempo todos siguieron contando la historia de la deliciosa sopa de piedritas.

Yaci y su muñeca

**Cuento popular del Brasil narrado por C. Zendrera
ilustrado por Gloria Carasusan Ballve**

Yaci vivía con sus padres en un poblado llamado Caximbo, dentro de la Gran Selva brasileña.

Yaci tenía una muñeca que no era igual a las demás porque se la había hecho ella misma con una mazorca de maíz, vestida con las hojas de la misma planta que ya estaban algo amarillentas. La muñeca se llamaba Curumín. Yaci la quería tanto, que no la dejaba un momento.

Yaci jugaba mucho con Curumín. La bañaba, la vestía, la mecía en su hamaca y siempre la tenía en brazos. Su madre la llamaba para que le ayudara en las tareas de la casa.

—¡Yaci! ¡Yaci! ¡Ven a ayudarme a barrer y a ordenar la casa!

Pero Yaci estaba tan distraída jugando con su muñeca, que ni la oía.

Un día, después de llamarla varias veces, la madre de Yaci se enfadó y le dijo: —Si sigues siendo tan desobediente voy a quitarte esa muñeca.

Sólo lo decía para que la obedeciera, pero Yaci se asustó y decidió esconder a su Curumín. Con su muñeca en brazos, se fue hacia la orilla del río, en donde se bañaba todas las mañanas.

Allí encontró a su amiga la tortuga, que le preguntó:
—¿Qué buscas por aquí, Yaci?
—Un sitio para esconder mi muñeca.
—Eso es fácil —dijo la tortuga—; haz como yo: escarbo en la arena y escondo mis huevos.

Yaci cavó con sus manitas un agujero igual al que veía hacer a su amiga la tortuga y dejó su muñeca bajo la arena caliente.

La arena cubría hasta los hombros a Curumín como una sábana. La niña disimuló el lugar cubriéndolo de hojas.

—No te preocupes —dijo la tortuga—, al mismo tiempo que vigilo mis huevos vigilaré también tu muñeca.

Y Yaci regresó a su casa.

Las grandes lluvias habían llegado. Llovía sin cesar.

Pasó bastante tiempo antes de que Yaci pudiera salir a buscar a su muñeca.

Por fin Yaci pudo ir en busca de su Curumín. Pero había llovido tanto, tanto, la corriente llevaba tanta agua, tanta, que la orilla del río no parecía la misma y Yaci no podía recordar dónde había puesto su muñeca.

Buscó a la tortuga, y por fin la encontró. Tenía varias tortuguitas pequeñas y debía enseñarles a nadar.

La tortuga acompañó a Yaci al lugar donde había escondido a la muñeca, pero allí no había más que dos hojitas que subían del suelo como si fueran dos manos verdes.

Yaci se arrodilló para mirarlas. Estaba a punto de llorar; y la tortuga le dijo: —No llores, Yaci. Estas hojas son tu Curumín. Crecerán y se convertirán en una planta muy alta. Darán muchas mazorcas de maíz. Ven a buscarlas en verano. Encontrarás aquí a tu muñeca.

Llegó el verano, y Yaci volvió a la orilla del río.
Allí donde había escondido a su Curumín encontró una hermosa planta con muchas mazorcas de maíz.
Tomó una, la vistió con las hojas y se hizo una muñeca que era igual que su Curumín.

Con las mazorcas que quedaron, la mamá de Yaci preparó muchas veces ricas tortitas de maíz.

El poblado de Yaci

Mira el mapa del poblado de Yaci e identifica el lugar donde Yaci guardó su muñeca. Luego, identifica en el mapa otros lugares del cuento.

Conozcamos a la autora

Concepción Zendrera

La señora Zendrera creció escuchando los cuentos tradicionales que su familia le narraba. Hoy día es ella la que narra cuentos a los niños; le encanta leer y escribir. Su primer libro publicado fue un diccionario pequeño dedicado a su hijita. *Yaci y su muñeca* es uno de los cuentos tradicionales que aprendió de niña.

Conozcamos a la ilustradora

Gloria Carasusan Ballve

A Gloria Carasusan Ballve le gusta ilustrar libros para niños. En su arte utiliza colores brillantes. Usa creyones pastel y otros tipos de creyones para crear las imágenes como las que aparecen en *Yaci y su muñeca*.

Reacción del lector

Hablemos

¿Por qué quiere tanto Yaci a Curumín? Describe un juguete al que hayas querido mucho.

Piénsalo

1. ¿Crees que este cuento puede ocurrir en la vida real? ¿Por qué sí o por qué no?

2. ¿Por qué se convierte Curumín en una planta?

3. La tortuga sabia ayuda a Curumín. ¿A qué otros personajes de cuentos, películas o televisión te recuerda la tortuga? Explica por qué.

La historia de Curumín

Dibuja los cambios de Curumín. Comienza por Curumín la muñeca, y luego ordena todos tus dibujos. Cuenta el cuento a tu manera con la ayuda de los dibujos.

Una excelente idea

por Diane Hoyt-Goldsmith
fotos de Nita Winter

¿En dónde se nos puede ocurrir una excelente idea? Se nos puede ocurrir en cualquier lugar: en un ascensor, en la ducha o en cualquier otra parte.

Richie Stachowski y su papá estaban de vacaciones. Richie nadaba en el mar, y observó un extraño grupo de peces a su alrededor.

Luego Richie vio un grupo de peces enormes. Le quería explicar a su papá lo que veía, pero no podía. Quería tocar el hombro de su padre para que lo mirara, pero él estaba demasiado lejos.

Pronto Richie tuvo una excelente idea. "Ojalá tuviera un radioteléfono acuático para llamar a mi papá", pensó Richie.

A la mayoría de personas que se le ocurre una idea creativa pronto la olvida. ¡Pero a Richie no! Comenzó a leer libros que explicaban cómo las ondas de sonido se desplazan por el agua. También recordó lo que había aprendido en la clase de ciencias.

Pronto, Richie comenzó a hacer radioteléfonos de plástico. Probó varios modelos hasta que encontró el mejor.

Richie deseaba vender su radioteléfono en las tiendas, y sus padres lo ayudaron.

Pronto el invento de Richie estaba a la venta en tiendas por todos los Estados Unidos y en seis países más.

Ahora Richie es un joven muy ocupado: no es extraño verlo inventando cosas. Su nueva idea es hacer una serie de juguetes exclusivos para piscinas.

Aunque Richie tiene sólo trece años, ya tiene su propia compañía.

¡Imagínate poder nadar y escuchar tu canción favorita en un radio a prueba de agua! Bueno, sería un invento excelente que a alguien como tú se le podría ocurrir.

Los talentos de Annie

por Angela Shelf Medearis
ilustrado por Anna Rich

Había una vez una familia a la que le encantaba la música. Cada mañana los niños, Leonel, Patty y Annie, ponían música. El suelo temblaba con los pasos que ellos hacían al ritmo del bajo. Luego salían a la calle a esperar el autobús escolar.

Cuando los niños se iban a la escuela, mamá prendía el radio. Mamá seguía el ritmo de la música mientras bebía su café.

Cada noche, cuando los niños se iban a dormir, papá decía: —¡Ven, cariño, bailemos!

Entonces él y mamá bailaban al ritmo del *blues* que tanto les gustaba.

A Leonel le gustaba tanto la música que se unió a la banda de la escuela. Annie pensaba que Leonel se veía maravilloso en su uniforme, con esos botones de metal tan relucientes. La música de Leonel era como la del circo. Cuando Leonel tocaba una canción con la trompeta, Annie seguía el ritmo con los pies y las manos.

Patty era también una excelente música. Cuando Patty tocaba el piano, Annie pensaba en colores bonitos, gotas suaves de lluvia y flores de primavera. Además, Patty tenía una voz muy dulce. Cuando había visita, ella entretenía a los invitados.

—Maravilloso, simplemente maravilloso —suspiraban los invitados y aplaudían al final de la presentación de Patty. Annie decidió que ella también quería tocar un instrumento.

Un día, la maestra de música de la escuela de Annie, la Sra. Mason, repartió instrumentos entre los niños y las niñas de la clase. Le dio una flauta dulce a Annie.

Durante meses, la clase practicó una canción en grupo. Todos interpretaron su parte a la perfección. Todos menos Annie. Cuando le tocaba el turno a Annie, la flauta dulce chirriaba como un grupo de gallinas a la hora de comer.

—Creo que la flauta dulce no es el instrumento para ti —dijo la Sra. Mason.

—Creo que tiene razón —dijo Annie—. A lo mejor puedo tocar el violoncelo.

—Vamos a intentarlo —dijo la Sra. Mason—. Te enseñaré cómo se toca.

Cuando la Sra. Mason se puso a tocar el violoncelo, se oía una música alegre y animada como la de un carrusel. Annie lo intentó una y otra vez, pero cada vez el violoncelo sonaba como un coro de gatos chillando.

—Aaah —susurró la Sra. Mason y se frotó los oídos—. Annie, cariño, creo que éste no es el instrumento para ti. ¿No te gustaría más hacer una bandera y algunos carteles para anunciar nuestro programa?

—Está bien —respondió Annie. Estaba desilusionada, pero le encantaba dibujar. Mientras todos practicaban, Annie dibujaba.

Esa noche, Annie tomó la trompeta de Leonel y se puso a tocar. Sonaba igual que un elefante resfriado. Leonel le rogó que parara. Ella se sintió triste, pero dejó la trompeta en su sitio.

—Cómo me gustaría encontrar un instrumento que tocar —le dijo Annie a su madre.

—¡Ánimo! —dijo mamá—. Compraremos un piano nuevo y todos tomaremos clases.

Al poco tiempo trajeron un hermoso piano nuevo a la casa de Annie. Estaba hecho de caoba brillante color café. Mientras Patty tocaba una canción, Annie levantó un poquito la tapa del piano y vio el nombre "Armonías" escrito en unas bellas letras de oro.

Esa semana, los tres niños empezaron a tomar clases de piano con la Sra. Kelly. Después de cada lección la Sra. Kelly les daba nuevas partituras para practicar.

Patty y Leonel lo hacían muy bien. La Sra. Kelly siempre los felicitaba por su talento.

Ay, pero cuando Annie tocaba el piano, la Sra. Kelly ya no sonreía. Fruncía el ceño. Las notas bajas sonaban como la bocina de un camión, las medianas como el croar de las ranas y las altas como el llanto de un bebé.

En una ocasión, Annie intentó cantar y tocar el piano para unos invitados de sus papás. Su presentación hizo que todos se retorcieran en sus asientos. Annie sintió tanta vergüenza que se fue a llorar a su cuarto. No podía tocar ni la flauta dulce ni el violoncelo. No podía tocar el piano ni la trompeta, y tampoco podía cantar. Annie nunca se había sentido tan triste en toda su vida.

A veces, cuando Annie estaba triste, escribía poemas para sentirse mejor. Decidió escribir un poema sobre la música.

*Me encanta oír la música sonar.
Cada día practico sin parar.
Aun después de mucho practicar,
sólo creo lograr
sonidos que hacen a todos
reír y llorar.*

Esa noche Annie puso el poema sobre la almohada de papá. Luego se fue a dormir.

Por la mañana, papá y mamá tuvieron una larga conversación con Annie.

—Parece que no puedo hacer nada bien —suspiró Annie.

—Sí puedes —dijo papá—. Hay muchas cosas que puedes hacer.

—¿De verdad, papá? —preguntó Annie.

—Pues claro que sí —dijo mamá—. No todo el mundo puede tocar el piano y cantar como Patty. No todo el mundo puede tocar la trompeta como Leonel. Ése es su talento especial. Y no todo el mundo puede escribir poemas y hacer bonitos dibujos como tú.

—No lo pensé así —dijo Annie—. No puedo cantar ni tocar bien un instrumento, pero sí puedo hacer muchas otras cosas.

Si pasas ahora frente a la casa de Annie, quizás oigas a Patty cantar y tocar el piano. Quizás oigas a Leonel tocar la trompeta. Y, si alguna vez te detienes y escuchas con mucha atención, quizás oigas…

¡el radio de Annie!

Annie pone música bailable a todo volumen cuando quiere reír y dibujar. Pone música suave y melodiosa cuando escribe sus poemas. Por su radio puede escuchar cualquier tipo de música que le guste.

Aún no puede tocar el piano ni cantar como Patty, y tampoco puede tocar la trompeta como Leonel.

Pero ahora, Annie se ha dado cuenta de que es más feliz cuando dibuja o cuando escribe poemas. Y es que el arte y la escritura son los talentos de Annie.

Conozcamos a la autora
Angela Shelf Medearis

Angela Shelf Medearis escribió el cuento para su hermana mayor y su hermano menor. Basó el libro en su propia niñez. Al igual que Annie, descubrió desde niña que tenía un talento que la llenaba de gran satisfacción. Dice que le gusta mucho leer, especialmente libros ilustrados, porque son "el primer paso de un niño hacia una vida de lectura".

Conozcamos a la ilustradora
Anna Rich

Anna Rich descubrió su talento como pintora desde muy joven. Cuando era estudiante de kindergarten le gustaba dibujar y colorear.

Reacción del lector

Piénsalo

1. ¿Por qué crees que Annie quería tocar un instrumento musical?

2. ¿Por qué crees que Annie dejó el poema para que su padre lo leyera?

3. ¿Qué puede hacer Annie para entretener a los próximos invitados que tengan sus padres?

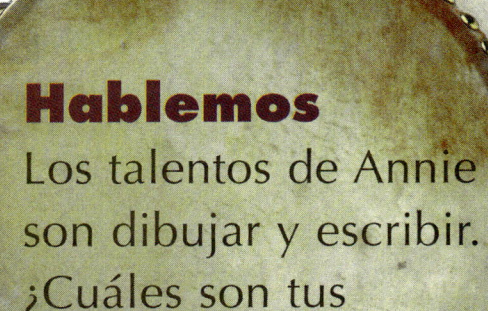

Hablemos

Los talentos de Annie son dibujar y escribir. ¿Cuáles son tus talentos?

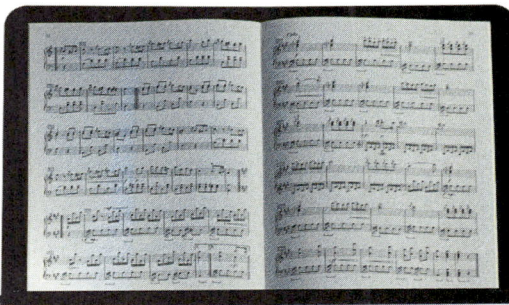

Entrevista a un amigo o amiga

Inventa cinco preguntas sobre los talentos o pasatiempos de un amigo o amiga. Hazle una entrevista.

Un secreto sabrosísimo

por Cecilia Orosco Ávalos • ilustrado por Leovigildo Martínez

Un día lejano salió el sol sobre la tierra.
Era un día lindísimo por dondequiera.

Don Tomás se puso un sombrero grandísimo,
y en un saco metió algo sabrosísimo.
Salió de su patio a saludar el día.
El canto del gallo por el campo se oía.

De camino hacia el bosque, don Tomás silbó.
Se encontró con un gato, quien le preguntó:
—¿Qué lleva en su saco?

—Es un secreto sabrosísimo.
Es algo grande. No te digo más.
Pero ven conmigo y después lo verás.

Entonces, con muchísima curiosidad el gato
lo siguió.

Don Tomás siguió caminando y silbando.
Una zorra salió de su escondrijo saltando.
—¿Le puedo dar auxilio, don Tomás? ¿Qué lleva en su saco?

—Es un secreto sabrosísimo.
Es algo ovalado. No te digo más.
Pero ven conmigo y después lo verás.

Entonces, con muchísima curiosidad la zorra lo siguió.

El gato y la zorra lo siguieron más atrás.
Silbando muy contento caminó don Tomás.
Al oír el silbido, un ratón preguntó:
—¿Qué lleva en su saco?

—Es un secreto sabrosísimo.
Es algo rojo y verde. No te digo más.
Pero ven conmigo y después lo verás.

Entonces, con muchísima curiosidad
el ratón lo siguió.

—Ahora, mis amigos —les dijo don Tomás—,
¿será que adivinan, sin decirles más?

—¡Abra el saco, don Tomás!
¡Ya no aguantamos más!

Y don Tomás contestó:
—Cierren los ojos, todos a la vez.
Hasta que yo cuente a diez.
Uno, dos, tres...

...siete, ocho, nueve, diez.
Abrieron los ojos, todos a la vez.

Gritaron todos: —¡Es una SANDÍA!

Y se la comieron con gozo y alegría.

—¡Panza llena, corazón contento! —dijo don Tomás.

No se lo puede imaginar

**por Elizabeth Duckett
ilustrado por Chiara Carrer**

Si hubieras conocido a Trebolino... Fue el conejo más pequeño de su camada, y era bastante extraño, porque tenía una manera muy especial de detectar el peligro; fruncía el hocico y giraba las orejas.

Mucho antes de que se diera la señal de alarma —o sea cuando el conejo de guardia golpeaba el suelo con la pata—, Trebolino ya estaba escondido en la madriguera. Además, siempre era el último en abandonarla.

Ya de mayor, Trebolino tuvo que salir a buscar comida con otros conejos. La granja adonde iban estaba bastante lejos.

Trebolino buscó todas las excusas posibles para no ir, pero los demás conejos se burlaban de él y le llamaban cobarde. Los conejos salieron a buscar la comida cuando aún no había salido el sol. Llegaron a las lindes de la granja al anochecer.

Y a la mañana siguiente, antes del canto del gallo, ya estaban en el campo de zanahorias recogiendo todas las que podían cargar.

De golpe, Trebolino frunció el hocico y giró las orejas. ¡Sentía la presencia del peligro! Unos momentos más tarde, un conejo grandulón dio la señal de alarma, que sonó como un terremoto. Los conejos salieron corriendo, dejando caer zanahorias por todas partes. Todos menos Trebolino, que se quedó helado.

Un ratón pedía auxilio a gritos: el gato de la granja lo había capturado. Sin pensar en su seguridad, Trebolino corrió hacia el gato y a punto estuvo de derribarlo.

El gato soltó a su presa y el ratón se escapó a todo correr. Trebolino saludó al gato y se disculpó, explicándole que tenía muchísima prisa.

El gato le preguntó por qué un conejo tan pequeño tenía tanta prisa.

—¡No se lo puede imaginar, señor Gato! ¡No se lo puede imaginar…! —y desapareció debajo del gallinero.

Cuando hubo recuperado el aliento, Trebolino sacó la cabecita de su escondrijo. No vio señales de sus compañeros, así que emprendió el camino de casa bordeando el bosque.

No había andado mucho cuando empezó de nuevo a fruncir el hocico y a girar las orejas. Al poco rato se oyó a un pájaro que pedía auxilio. Un feroz armiño estaba a punto de matarlo. Trebolino corrió hacia el armiño.

El pájaro voló aprovechando que Trebolino saludaba al armiño y se disculpaba explicándole que tenía mucha prisa. El armiño le preguntó por qué un conejo tan pequeño tenía tanta prisa, y Trebolino contestó:

—¡No se lo puede imaginar, señor Armiño! ¡No se lo puede imaginar…! —y desapareció bajo un arbusto.

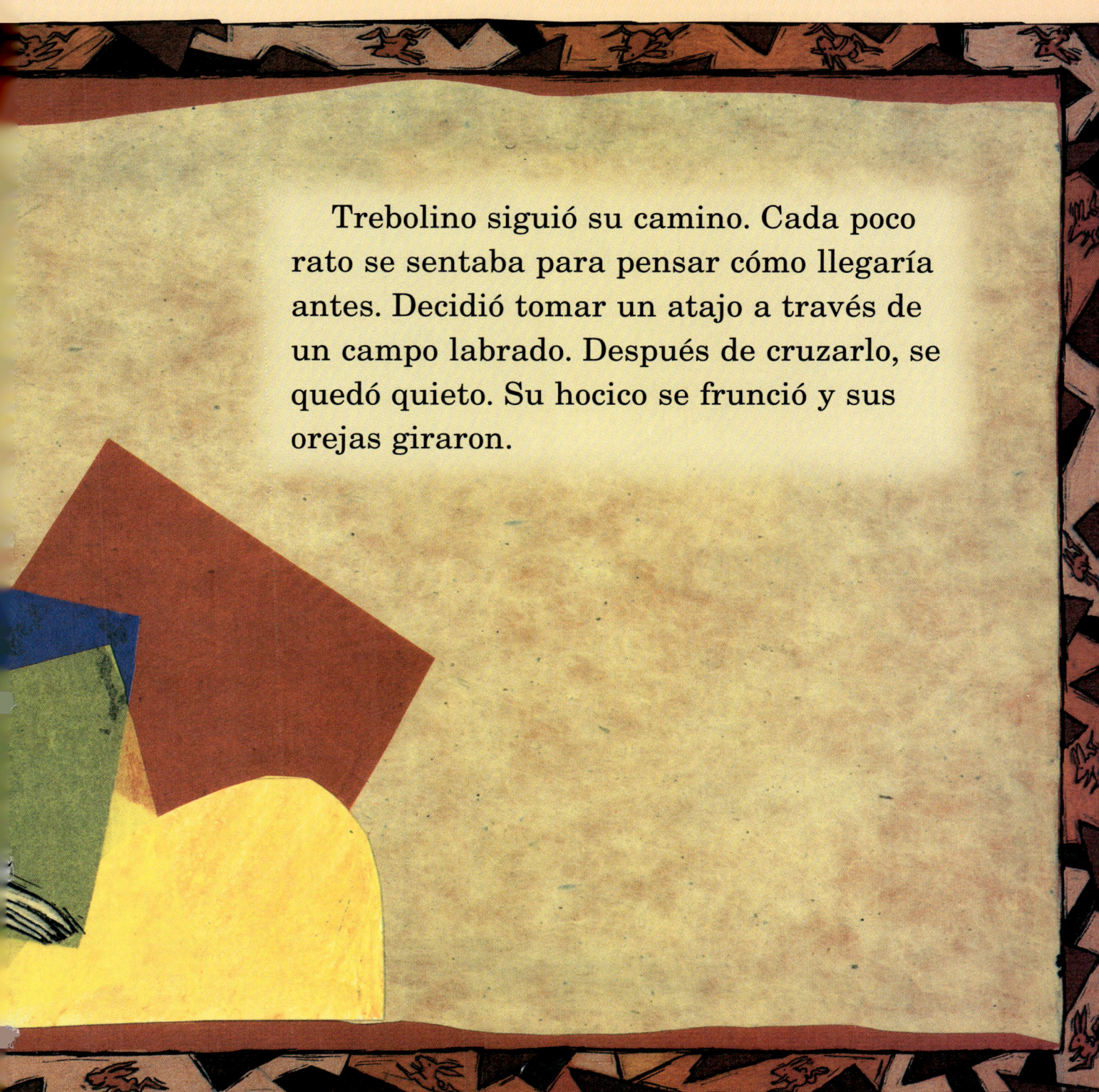

Trebolino siguió su camino. Cada poco rato se sentaba para pensar cómo llegaría antes. Decidió tomar un atajo a través de un campo labrado. Después de cruzarlo, se quedó quieto. Su hocico se frunció y sus orejas giraron.

No habían pasado ni cinco minutos cuando le alcanzaron sus compañeros corriendo a través de un campo de maíz. Les perseguía un zorro rojo que estaba a punto de darles alcance.

Trebolino se abalanzó hacia el zorro mientras los demás conejos se metían en los escondrijos más cercanos y miraban espantados a Trebolino, que saludaba al zorro y se disculpaba diciendo que tenía muchísima prisa.

El zorro también le saludó y le preguntó por qué un conejo tan pequeño tenía tanta prisa. Pero Trebolino sólo contestó:

—¡No se lo puede imaginar, señor Zorro! ¡No se lo puede imaginar…! —y en un abrir y cerrar de ojos saltó dentro de una madriguera.

Cuando pasó el peligro, todos los conejos se congregaron alrededor de Trebolino y le preguntaron por qué tenía tanta prisa y qué significaba aquello de "¡No se lo puede imaginar!"

Y Trebolino contó que tenía muchísima prisa porque quería llegar cuanto antes a casa y que si el gato, el armiño o el zorro se hubieran imaginado el miedo que tenía, seguramente aquello habría sido su final. ¡Y de esta manera Trebolino se convirtió en un héroe!

Conozcamos a la autora
Elizabeth Duckett

Elizabeth Duckett quería crear un héroe que fuera poco común. Quería mostrar que no sólo los grandes y fuertes tienen éxito. Aunque Trebolino admite que tiene miedo, eso no le impide tratar de ayudar a otros. En 1994 *No se lo puede imaginar* ganó el premio prestigioso Apel les Mestres.

Conozcamos a la ilustradora
Chiara Carrer

Para este cuento, Chiara Carrer creó ilustraciones sencillas y les puso dibujos en los bordes. Cuando miras los bordes puedes ver a los personajes haciendo cosas divertidas. Chiara Carrer ha ilustrado varios libros para niños, incluso otro libro escrito por Elizabeth Duckett.

Reacción del lector

Hablemos

¿Crees que Trebolino es valiente? ¿Por qué sí o por qué no?

Piénsalo

1. ¿Con qué otras palabras describirías a Trebolino?

2. ¿Qué es lo que hace que los otros conejos cambien de opinión sobre Trebolino?

3. En el cuento, Trebolino repite: "No se lo puede imaginar". Explica cómo le ayuda esa oración a escaparse del gato, del armiño y del zorro.

Teatro de títeres

Con tus compañeros y compañeras, haz títeres de los personajes del cuento con distintos materiales. Por turnos, representen diferentes escenas del cuento. Después inventen nuevas aventuras para Trebolino.

Glosario

Palabras de los cuentos que leíste

Aa

a • dor • nar

Adornar significa ponerle algo a una cosa o a una persona para que se vea más bonita. *Me gusta **adornar** mi casa con globos cuando celebro mi cumpleaños.*

a • lum • na

Una **alumna** es una estudiante. *María estudia mucho porque quiere ser una buena **alumna**.*

alumna

a • ma • ble

Una persona es **amable** cuando trata bien a los demás. *Todos la quieren porque es una persona muy **amable**.*

a • ños

Los **años** son períodos de tiempo de doce meses. *Voy a México a visitar a mis abuelos cada dos **años**.*

a • rro • yo

Un **arroyo** es un río pequeño.

a • so • mó

*El niño **asomó** la cabeza para ver el desfile.*

aun•que

*Debes hacer siempre el bien **aunque** nadie te esté mirando. **Aunque** estudio mucho, los exámenes siempre me ponen nervioso.*

au•tor

Un **autor** es una persona que crea algo. Con frecuencia se refiere a alguien que escribe un libro. *Ivar Da Coll es el **autor** de "Perro Pablo y Ratón Ramón".*

¡ay!

*¡**Ay**! Me lastimé el pie.*

a•zú•car

El **azúcar** se usa para endulzar los alimentos.

Bb

bar•co

Un **barco** es un medio de transporte que se usa para llevar personas y mercancías. *El año pasado mi papá y yo fuimos a Puerto Rico en **barco**.*

bas•tan•te

Bastante quiere decir más de lo normal. *Hoy hace **bastante** calor. Hoy tengo **bastante** trabajo.*

bebé

be•bé

Un **bebé** es un niño recién nacido o de pocos meses.

bi•blio•te•ca

Una **biblioteca** es un cuarto o edificio donde hay muchos libros que pueden pedirse

445

bi•lin•güe

Una persona **bilingüe** es alguien que habla dos idiomas. *Miguel no quiere olvidar el español porque sabe que es importante ser **bilingüe**.*

bos•que

Un **bosque** es un terreno grande con muchos árboles. *En el **bosque** hay muchos animales, como pájaros y ardillas.*

Cc

camino

ca•be•za

La **cabeza** es la parte superior del cuerpo, donde se encuentra el cerebro.

ca•mi•no

Un **camino** es una vía por la cual se camina. *Para llegar al mar tienes que ir por un **camino** angosto.*

can•ción

Una **canción** es un conjunto de versos que se cantan. *Todas las noches, antes de irme a dormir, mi mamá me canta una **canción**.*

castillo

cas•ti•llo

Un **castillo** es un **edificio** protegido por murallas dedicado como casa para los reyes.

cer•ca

1 *Canadá está **cerca** de Estados Unidos.*
2 Una **cerca** es un armazón de estacas o tablas que encierran o marcan un lugar. *Una de las ovejas se lastimó una pata al tratar de saltar la **cerca**.*

char • co

Un **charco** es una cantidad de agua que se acumula en un hueco. *Cuando llueve se forma un charco muy grande en el patio de mi casa.*

ciu • dad

Una **ciudad** es una población donde viven muchas personas. *Chicago es una ciudad de muchos edificios a orillas de un lago.*

co • co • dri • lo

Un **cocodrilo** es un reptil muy grande cubierto de escamas duras, que tiene una boca muy grande, y que vive en los ríos y en los pantanos.

cocodrilo

co • lor

Mi color favorito es el verde. Me gusta el color de las hojas en el otoño.

co • mi • da

Comida es lo que comen los seres vivos para obtener energía; alimento.

cu • bier • ta

La **cubierta** es el piso superior de un barco. *Subimos a la cubierta del barco para ver el paisaje.*

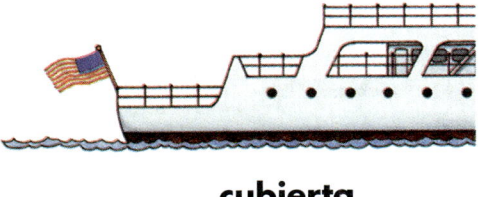
cubierta

cuen • to

Un **cuento** es una historia corta que relata sucesos con el fin de enseñar o entretener. *Me gusta mucho el cuento de "El patito feo".*

cui·da·do
Hacer algo con **cuidado** es tratar de hacer bien una cosa. *Llévalo con **cuidado** porque se puede quebrar.*

Dd

de·ma·sia·do
Cuando tengo **demasiado** de algo, tengo más de lo que necesito. *Corrí **demasiado**. Ahora estoy cansado.*

di·fe·ren·te
Diferente quiere decir distinto. *Mi libro es **diferente** al tuyo.*

dis·cu·sión
Dos personas tienen una **discusión** cuando cada quien dice su opinión y trata de convencer a la otra persona para que piense de igual manera. *Pedro y María tuvieron una **discusión** sobre el mejor jugador del partido.*

Ee

em·pe·zar
Empezar es lo mismo que comenzar, o sea, dar principio a una cosa. *Quiero **empezar** mi tarea temprano para no tener que quedarme despierto hasta tarde.*

en·con·trar
Encontrar significa ver algo que no se sabía donde estaba. *Me pasé toda la tarde buscando mis guantes pero al fin los pude **encontrar**.*

en·fer·mo
*Hoy no voy a la escuela porque estoy **enfermo**. Tengo fiebre.*

enfermo

en•ton•ces
Compré un jugo de naranja y **entonces** *me lo bebí.*

en•vol•ver
Cubrir una persona o un objeto con algo. *Hay que* **envolver** *estos regalos con un papel bonito. Ella no quiso* **envolver** *al bebé en una manta porque hacía mucho calor.*

e•qui•po
Un **equipo** es un grupo de personas que se unen para hacer algo. *El* **equipo** *de béisbol de mi escuela es el mejor de la ciudad.*

equipo

es•ca•par•se
Escaparse quiere decir marcharse de un lugar huyendo de algo. *El gato atrapó al ratón pero éste logró* **escaparse**.

es•con•der
Esconder quiere decir guardar algo para que los demás no puedan encontrarlo. *Tengo que* **esconder** *mis juguetes para que mi hermanita no los dañe.*

es•pe•cial
Se dice de lo que se diferencia de lo común o general. *El día de mi cumpleaños es un día* **especial** *y por eso lo celebramos.*

es•tó•ma•go
El **estómago** es un órgano del cuerpo humano y de muchos animales, donde se digieren los alimentos. *Ayer comí muchos dulces y hoy me duele el* **estómago**.

estrella ■ gigante

es•tre•lla
Una **estrella** es un cuerpo celeste que brilla con luz propia. *¡Mira cómo las **estrellas** cubren todo el cielo!*

ex•pli•car
Explicar significa hacer comprender; enseñar. *La maestra va a **explicar** cómo se hace el ejercicio.*

Ff

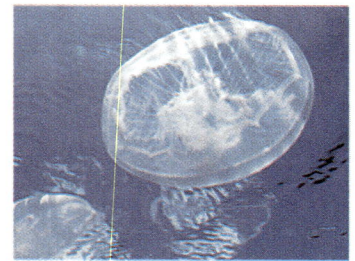
flotando

flo•tan•do
Flotando significa estar sostenido en el agua sin irse al fondo. *La medusa está **flotando** en el mar.*

fue•ron
*Los niños **fueron** al cine el sábado pasado.*

Gg

ga•llo
El **gallo** es un ave de granja que tiene cresta roja. *El canto del **gallo** me despierta todas las mañanas.*

ga•rras
Las **garras** son las uñas curvas y afiladas que un pájaro u otro animal tiene en las patas. *El tigre es un animal peligroso porque tiene unas **garras** muy fuertes.*

gigante

gi•gan•te
Cuando algo es **gigante**, es muy grande; enorme. *El elefante es un animal **gigante**.*

Hh

her•ma•no
Mis padres tienen dos hijos: mi **hermano** *Roberto y yo.*

hier•ba
La **hierba** es una planta verde y pequeña que crece en el campo y se siembra en los jardines; pasto. *Mi papá corta la* **hierba** *del jardín los domingos.*

his•tor•ia
Una **historia** es una narración de sucesos pasados que pueden ser reales o fantásticos. *"Los tres cerditos" nos cuenta la* **historia** *de tres cerditos y un lobo malvado.*

hoja

ho•ja/ho•ji•ta
La **hoja** es la parte verde y plana de una planta. Una **hojita** es una hoja pequeña. *La hormiga flotaba en el agua encima de una* **hojita.**

hoy
Hoy quiere decir el día en que estamos. **Hoy** *tengo clase de natación.*

Ii

im•pa•cien•te
Mi papá me dice que no sea **impaciente,** *que debo aprender a esperar mi turno con calma.*

im•por•tan•te
Algo es **importante** cuando tiene mucho valor o significado. *Hacer la tarea es muy* **importante.**

451

imposible ▪ joya

im•po•si•ble
Algo es **imposible** cuando no se puede hacer. *Es* **imposible** *vivir sin agua.*

in•men•sa
Una cosa **inmensa** es algo enorme. *El océano tiene una cantidad* **inmensa** *de agua.*

ins•tru•men•to
La guitarra es un **instrumento** *que sirve para tocar música.*

in•ten•tó
Una persona **intentó** algo si se esforzó por hacerlo. *Ella* **intentó** *tocar la guitarra pero las cuerdas estaban rotas.*

in•te•re•san•te
Algo es **interesante** cuando mantiene tu atención. *La maestra nos contó un cuento muy* **interesante**.

in•vier•no
El **invierno** es la estación del año en que hace mucho frío.

is•la
Una **isla** es una porción de tierra que está rodeada de agua. *Cuba es la* **isla** *más grande del Caribe.*

Jj

jo•ya
Una **joya** es un objeto de mucho valor hecho con metales y piedras preciosas.

Ll

lá·piz
Mi **lápiz** es rojo.

le·jos
Se dice que algo está **lejos** cuando se encuentra a mucha distancia. *Argentina está* **lejos** *de Estados Unidos.*

lla·ma·do
1 Un **llamado** es un gesto o sonido para atraer la atención. *Rita respondió al* **llamado** *de su mamá y regresó a casa.*
2 Llamado también se refiere al nombre de una persona. *Un amigo* **llamado** *Carlos.*

lue·go
Para hacer una ensalada primero se lavan los vegetales, **luego** *se cortan en pedacitos. Cuando llego de la escuela me cambio de ropa y* **luego** *me pongo a hacer las tareas.*

Mm

ma·íz
El **maíz** es una planta de hojas muy largas que da una espiga o mazorca con muchos granos amarillos.

ma·ni·ta
Una **manita** es una mano pequeña. *El bebé levantó su* **manita** *y nos dijo adiós.*

ma·ña·na
Mañana se refiere al día siguiente al de hoy. **Mañana** *iré al circo.*

mañana

mar

El **mar** es una extensión muy grande de agua salada.

mien•tras

Mientras *tú preparas la comida, yo pongo la mesa.*

mo•ví•a

Mover significa cambiar una cosa de sitio, hacer movimientos o ir de un lugar a otro. *Ella se **movía** el diente de un lado a otro para ver si al fin se le caía.*

mu•chí•si•mo/ma

Muchísimo quiere decir una cantidad muy grande de algo. *Tengo **muchísima** hambre.*

mue•lle

Un **muelle** es donde se cargan y descargan barcos.

mu•ñe•co

Una **muñeca** o un **muñeco** es una figura que representa a una persona o un animal y que sirve de juguete.

muñeco

mú•si•ca

Música es el conjunto de sonidos de la voz humana o de instrumentos que produce deleite cuando se escucha. *A mí me gusta escuchar la **música** del radio.*

Nn

nue•vo
Algo **nuevo** es algo que está sin usar, que hace muy poco tiempo que se tiene.

Oo

o•jo
El **ojo** es el órgano del cuerpo humano y de muchos animales, que sirve para ver.

ol•vi•dó
*Él no pudo comer a la hora del recreo porque se le **olvidó** traer su fruta. Raúl no pudo llamar a su mamá al trabajo porque se le **olvidó** el número.*

olvidó

o•ve•jas
Las **ovejas** son animales mamíferos, que se consideran mansos y andan en rebaños. *Muchas personas cuentan **ovejas** para poderse dormir.*

Pp

pa•sos
Pasos son movimientos que se realizan al andar con los pies. *Di **pasos** rápidos hasta el parque.*

pas•tar
Pastar es el acto de comer del ganado. *Necesitamos lluvia para que la hierba crezca y las vacas puedan **pastar.***

pie

El **pie** es la parte en que se apoya el cuerpo. *No me puedo poner zapato en este **pie** porque me lo lastimé.*

plan•ta

Una **planta** es un ser vivo que está sembrado en cierto lugar.

plu•mas

Las **plumas** cubren el cuerpo de un ave.

plumas

pre•o•cu•par•se

Preocuparse por algo es pensar constantemente en una cosa que produce intranquilidad o angustia. *Ana no debe **preocuparse** si su hijo llega tarde porque alguien lo acompañará hasta la casa.*

pro•fun•do

*Un lago es **profundo** cuando hay mucha distancia entre la superficie y el fondo.*

Qq

que•jar•se

Quejarse es expresar dolor, pena o sentimiento. *Marco no debe **quejarse** si le toca lavar los platos después de la comida.*

Rr

ra•dio

Un **radio** es un aparato que transmite música y voces. *Un **radio** puede ser tan pequeño que se puede llevar en el bolsillo.*

radio

rei•na

La **reina** tiene el trono de un país. La esposa del rey. *La **reina** lleva una corona muy valiosa.*

rom•pe•ca•be•zas

Un **rompecabezas** es un juego en que una figura se forma con muchas piezas que encajan entre sí. *No puedo terminar de armar este **rompecabezas** porque se me perdió una pieza.*

rompecabezas

Ss

sal•tan•do

*Mi amiga está **saltando** la cuerda.*

se•ñal

Una **señal** es una marca que se le pone a una cosa para distinguirla de otras, o también un gesto que se hace para indicarle algo a alguien. *Te pondré una **señal** en el camino para que no te pierdas. Ella le dijo que no se moviera hasta que no le diera la **señal.***

sue•ño

Un **sueño** es una representación de imágenes o sucesos que se tiene mientras uno duerme.

sus•pi•ró

Suspiró quiere decir respiró profundamente para expresar un sentimiento. *Doña Rosa **suspiró** aliviada cuando supo que el niño estaba bien.*

tocar ▪ zanahorias

to•car
Tocar un instrumento musical es hacer música con él.

tortuga

tor•tu•ga
La **tortuga** es un reptil con un caparazón, que se mueve muy lentamente.

tro•pi•cal
Una región **tropical** es una región de clima cálido y húmedo. *Puerto Rico es una isla* **tropical.**

tru•co
Un **truco** es algo ingenioso que se le puede enseñar a un animal. *Todos los días le enseño un nuevo* **truco** *a mi perro.*

vol•te•ar
Voltear significa mover una parte del cuerpo hacia otra dirección. *El ratón estaba tan asustado que no se atrevía a* **voltear** *la cabeza para ver quién venía detrás.*

za•na•ho•rias
Las **zanahorias** son plantas cuyas raíces son de color naranja comestibles. *A los conejos les gusta comer* **zanahorias.**

Palabras evaluadas

Unidad 4

Momentos gloriosos del deporte

El gran partido de pelota
cabeza
discusión
enfermo
equipo
fueron
inviernos

¡Fiesta de cumpleaños!

La mejor hermana mayor
azúcar
color
diferente
especial
hermano
importante
pie

Nada como los disfraces

Un diente se mueve
adornar
asomó
hoy
impaciente
lápiz
movía
suspiró

Versos inventados

El gallo que fue a la boda de su tío
arroyo
empezar
entonces
gallo
hierba
llamado
mañana
plumas
preocuparse

Simplemente refranes

Pepita habla dos veces
alumna
autor
cuento
demasiado
escaparse
nuevo
quejarse
truco

Unidad 5

Bienvenidos a la isla

La isla
bilingüe
estrellas
historias
isla
joya
rompecabezas
tropical

Una foto de mi mejor amigo

Tomás y la señora de la biblioteca
biblioteca
cuidado
inmensa
luego
olvidó
sueño
voltear

Una familia navegante

Todos a bordo con el capitán Cruz
barco
ciudad
cubierta
muelle
música
ojo

¡Ay! Eloy se cayó al mar

En el fondo del mar: La medusa
¡ay!
comida
estómago
flotando
mar
reina

El increíble rugido de Din

Tras las huellas de los dinosaurios
años
cerca
envolver
garras
gigante
imposible
pasos

Unidad 6

Una casita agradable

Las ovejas de Nico
amable
encontrar
ovejas
pastar
profundo
saltando

¡Ve tus colecciones aumentar!

Los charcos de Ernesto
aunque
camino
castillo
charco
cocodrilo
interesante
lejos
mientras

La sopa de piedritas

Yaci y su muñeca
bebé
esconder
hojita
maíz
manita
muñeca
planta
tortuga

Una excelente idea

Los talentos de Annie
canción
explicar
instrumentos
intentó
radio
tocar

Un secreto sabrosísimo

No se lo puede imaginar
bastante
bosque
muchísima
patio
señal
zanahorias

459

Acknowledgments

Text

Page 18: *The Great Ball Game* by Joseph Bruchac. Illustrated by Susan Roth. Text copyright © 1994 Joseph Bruchac. Illustration copyright © 1994 Susan Roth. Published by arrangement with Dial Books For Young Readers, a division of Penguin Putnam Inc.

Page 46: *The Best Older Sister* by Sook Nyul Choi. Text copyright © by Sook Nyul Choi. Published by arrangement with Random House Children's Books, a division of Random House, Inc. New York, New York, U.S.A. All rights reserved.

Page 72: *Un diente se mueve* by Daniel Barbot. Illustrated by Gian Calvi. Text copyright © 1981 by Daniel Barbot. Illustration copyright © 1981 by Gian Calvi. Reprinted by permission of Ediciones Ekaré.

Page 92: *El gallo que fue a la boda de su tío* by Alma Flor Ada, Illustrated by Kathleen Kuchera. Copyright © 1997 by Alma Flor Ada, Spanish translation. Illustration copyright © 1993 by Kathleen Kuchera. Used by permission of G. P. Putnamí's Sons, a division of Penguin Putnam Inc.

Page 122: *Pepita habla dos veces* by Ofelia Dumas Lachtman. Illustrated by Alex Pardo DeLange. Text copyright © 1981 by Ofelia Dumas Lachtman. Illustration copyright © 1981 by Alex Pardo DeLange. Reprinted with permission from the publisher (Houston: Arte Público Press—University of Houston, 1995).

Page 151: "Snake Problem" from *A Light in the Attic* by Shel Silverstein. Copyright © 1981 by Evil Eye Music, Inc. Reprinted by permission of Edite Kroll Literary Agency, Inc.

Page 152: "Bilingüe" from *From the Bellybutton of the Moon and Other Summer Poems/Del ombligo de la luna y otros poemas de verano* by Francisco X. Alarcón. Reprinted with permission of the publisher, Children's Book Press, San Francisco, CA. Story copyright © 1998 by Francisco X. Alarcón.

Page 152: "Pregunta" from *Trabalenguas, colmos, tantanes, refranes, y un pilón* by Margarita Robleda Moguel. Text copyright © 1989 by Margarita Robleda Moguel. Reprinted by permission of Sistemas Técnicos de Edición.

Page 162: *La isla* by Arthur Dorros. Illustrated by Elisa Kleven. Text copyright © 1995 by Arthur Dorros. Illustration copyright © 1995 by Elisa Kleven. Translation copyright © 1995 by Sandra Marulanda Dorros. Reprinted by permission.

Page 198: *Tomás y la señora de la biblioteca* by Pat Mora. Illustrated by Raúl Colón. Text copyright © 1997 by Pat Mora. Illustration copyright © 1995 by Raúl Colón. Reprinted by permission of Alfred A. Knopf, Inc.

Page 236: *Riding the Ferry with Captain Cruz* by Alice K. Flanagan. Text copyright © 1996 Children's Press, Inc., a Division of Grolier Publishing Co., Inc. All rights reserved. Reprinted by permission.

Page 250: "Barcarola" from *Por el mar de las Antillas anda un barco de papel* by Nicolás Guillén. Text copyright © Nicolás Guillén. Reprinted by permission.

Page 250: "Buen viaje" by Amado Nervo from *Poemas escogidos para niños* by Francisco Morales Santos. Copyright © 1998 by José Julio Piedra Santa Arandi. Reprinted by permission.

Page 251: "Sobre el mar" by Dora Alonso from *El cuento del gato y otras poesías*. Copyright © 1992 by Dora Alonso. Reprinted by permission.

Page 258: *Down in the Sea: The Jellyfish* by Patricia Kite. Text copyright © 1993 by L. Patricia Kite. Reprinted by permission of Albert Whitman & Company.

Page 286: From *Let's Go Dinosaur Tracking!* by Miriam Schlein. Copyright © 1991 by Miriam Schlein. Reprinted by permission of the author.

Page 312: *Las ovejas de Nico* by Elisa Ramón. Illustrated by Agustí Asensio. Text copyright © 1994 by Elisa Ramón. Illustration copyright © 1994 by Agustí Asensio. Reprinted by permission of Edebé-Ediciones Don Bosco.

Page 334: *The Puddle Pail* by Elisa Kleven. Copyright © 1997 by Elisa Kleven. Reprinted by permission of Dutton Children's Books, a division of Penguin Putnam Inc.

Page 366: *Yaci y su muñeca*, adapted by Concepción Zendrera. Illustrated by Gloria Carasusan Ballve. Text copyright © 1996 by Concepción Zendrera. Illustration copyright © 1996 by Gloria Carasusan Ballve. Reprinted by permission of Editorial Juventud.

page 390: *Annie's Gifts* by Angela Medearis. Text copyright © 1994 by Angela Shelf Medearis. Illustrations copyright © 1994 by Anna Rich. All rights reserved. Reprinted by permission of Just Us Books Inc.

Page 418: *No os lo podéis imaginar* by Elizabeth Duckett. Illustrated by Chiara Carrer. Text copyright © by Elizabeth Duckett. Illustration Copyright © by Chiara Carrer. Copyright © 1994 by Ediciones Destino. Reprinted by permission of Ediciones Destino.

Artists

John Sanford, cover, 154-155
Jerry Tiritilli, 10-11
Susan L. Roth, 18-37
Pam Paulsrud, 18, 46, 54, 60, 390
Anne Sibley O'Brien, 40-45
Yoshi Miyake, 46-63
Asun Balzola, 66-71
Gian Calvi, 72-83
David Milgrim, 84-85, 151
Enrique O. Sánchez, 86-91
Kathleen Kuchera, 92-113
Cecily Lang, 114-115
Laura DeSantis, 116-120
Alex Pardo DeLange, 122-149
Shel Silverstein, 152
Elisa Kleven, 162-187
Sarah Dillard, 188-189
Sharon McGinley, 188-189, 354-355
Liisa Chauncy Guida, 190-191, 383
Joe Cepeda, 192-197
Raúl Colón, 198-227
Laura DeSantis, 228-229
David McPhail, 230-235
Cathie Felstead, 249-250
Alan Eitzen, 252-257
Roberta Polfus, 278-279
Bernard Acnet, 280-285
Phil Wilson, 286-303c
Walter Stuart, 297a, b

David Wenzell, 304-305
Rosario Valderrama, 306-311
Agustí Asensio, 312-325
Elisa Kleven, 334-353
Lily Toy Hong, 358-365
Gloria Carasusan Ballve, 366-379
Laura DeSantis, 380-381
Anna Rich, 390-409
Leovigildo Martínez, 412-417
Chiara Carrer, 418-441

Photographs
Page 12 © The Stock Market/E.H. Wallop
Page 13 (T) © The Stock Market/Joe Bator
Page 14 (T) © SuperStock, Inc
Page 15 © The Stock Market/David Brooks
Page 16 (T) The Granger Collection, New York
Page 17 (T) © Lawrence Migdale/Stock Boston
Page 38 (T) Courtesy, Greenfield Review Press
Page 64 (CL) Courtesy Sook Nyul Choi
Page 84 Ekaré Publishers, Venezuela
Page 85 Allan Penn Photography for Scott Foresman
Page 114 Courtesy Alma Flor Ada
Page 150 Arte Público Press, Houston
Page 156 © Gala/SuperStock Inc.
Page 157 © Jonathan Morgan/Tony Stone Images
Page 158 Frame, star, books © PhotoDisc, Inc.; inside frame © Jonathan Morgan/Tony Stone Images
Page 159 (TL & CR) © 1990 Tom Bean/DRK PHOTO
Page 160 © Tom Bean/DRK PHOTO
Page 161 (TC) © The Stock Market/Ariel Skelley; (BL) © The Stock Market/Jose L. Pelaez, Inc.; (BR) © Bob Daemmrich
Pages 236-247 Christine Osinski
Page 248 Mr. Flanagan
Page 258 Randy Morse/TOM STACK & ASSOCIATES; © PhotoDisc
Pages 259-260 Herb Segars
Page 261 Fred Bavendam/Minden Pictures
Page 262 © F. Stuart Westmorland
Page 263 Dave B. Fleetham/TOM STACK & ASSOCIATES
Page 264 Neil G. McDaniel
Page 265 (TL) John Lidington/Photo Researchers; (TR) Dave B. Fleetham/TOM STACK & ASSOCIATES; (B) Herb Segars
Page 266 [p/u from pg. 260] (T) Bill Curtsinger; (BR) Sea Studios
Page 267 David Hall
Page 268 Herb Segars
Page 269 Bill Curtsinger
Page 270 Sea Studios
Page 271 © F. Stuart Westmorland
Page 272 (L) Dave B. Fleetham/TOM STACK & ASSOCIATES; (TR) Carl Roessler; (BR) Sea Studios

Page 273 Peter Parks/OSF/Animals Animals/Earth Scenes
Page 274 K. Atkinson/OSF/Animals Animals/Earth Scenes
Page 276 Herb Segars
Page 277 Tom McHugh/Photo Researchers
Page 278 Gerry Mooney for Scott Foresman
Page 302 (TL) Courtesy Miriam Schlein; (CR) Courtesy Phil Wilson
Page 356 Courtesy Elisa Kleven
Pages 384-389 Norbert Wu/Tony Stone Images
Page 410 (TL) Courtesy Angela Shelf Medearis; (TR) Artville; (CL) Courtesy Anna Rich; (B) Artville
Page 411 Artville
Page 443 Allan Penn Photography for Scott Foresman